우울증을 위한 행동활성화 워크북

우울증을 위한 행동활성화 워크북

BEHAVIORAL ACTIVATION

동기 × 기분 UP

니나 요제포비츠
스티븐 R. 스왈로우 지음

구훈정, 최신형, 김희선 옮김

圖書出版 하나醫學社

New Harbinger Publications, Inc.
5720 Shattuck Avenue Oakland, CA 94609
www.newharbinger.com

이 책에 쏟아진 찬사

"이처럼 절실히 필요했던 책을 집필해 준 요제포비츠(Josefowitz)와 스왈로우(Swallow)에게 깊은 감사를 전합니다. 행동활성화는 우울증을 극복하고 건강한 삶을 유지하는 데 있어 가장 강력한 방법 중 하나입니다. 이 워크북은 활동, 운동, 사회적 연결, 그리고 마음챙김을 활용하여 동기, 에너지, 몰입, 그리고 즐거움을 회복할 수 있도록 명확하고 단계적인 방법을 제시합니다. 우울감으로 어려움을 겪고 있는 모든 분께 이 책을 강력히 추천합니다!"

– 마틴 M. 앤토니

토론토 메트로폴리탄 대학교 심리학 교수

『소심하고 불안한 나를 위한 워크북』, 『완벽하지 않아도 괜찮아』의 공동저자

"이 훌륭한 책은 우울증을 극복하기 위한 명확하고 단순하지만 피상적이지 않은 실천 가능한 전략을 제시합니다. 이 책은 사람들의 강점, 기존의 긍정적 습관, 그리고 가치관을 바탕으로, 자연스럽게 희망, 동기, 그리고 변화에 대한 자신감을 심어주며, 변화를 이루는 데 필요한 체계를 제공합니다. 임상가와 우울증을 겪는 모든 사람들이 꼭 읽어야 할 필독서입니다."

– 크리스틴 퍼든

워털루 대학교 교수

25년 이상 인지행동치료[CBT] 교육 담당

『강박적 사고 이겨내기』 공동저자

"우울증은 가장 흔한 정신 건강 문제 중 하나이며, 코로나 19 이후 그 발생률이 더욱 증가했습니다. 두 명의 저명한 인지행동치료 전문가들은 우리가 어떻게 비효율적인 사고와 행동의 악순환에 빠지는지 이해하도록 돕고, 그로부터 벗어나 우울증을 극복할 수 있는 새로운 긍정적인 순환을 만들 수 있도록 돕는 근거 기반의 방법을 제시합니다. 이 책은 풍부한 임상적 지혜를 바탕으로 하며, 접근하기 쉽고, 용기를 북돋아 주며, 따뜻한 지지를 베푸는 내용을 담고 있어, 많은 우울증 환자들에게 유익한 핵심적인 아이디어와 실천법을 제공할 것입니다."

– 폴 길버트

『우울증 스스로 극복하기』, 『자비로운 마음』의 저자

"저자들은 행동활성화 접근법에 대한 매우 포괄적인 접근을 제공하며, 사회적 연결을 강화하고, 동기를 높이며, 회피 패턴에 도전하는 방법까지 아우릅니다. 이들은 기분을 향상시키고 행복과 웰빙을 증진하기 위한 실용적이고 근거 기반의 단계들을 강조합니다. 다양한 일화와 사례를 통해 저자들의 임상적 통찰력이 잘 드러나며, 이 책은 명확하고 깊이 있는 방식으로 다양한 전략과 자료를 제공합니다. 독자들은 효과적인 변화를 구현하고 유지하는 데 도움이 될 많은 아이디어를 얻을 수 있을 것입니다."

– 데보라 돕슨

『인지행동치료의 근거 기반 실천』의 공동저자

– 키스 돕슨

『인지행동치료 핸드북』의 공동 편집자

"'치료는 결국 변화에 관한 것'이라는 말이 자주 인용되곤 합니다. 이 워크북에서 요제포비츠(Josefowitz)와 스왈로우(Swallow)는 우울증 치료의 도전적인 상황 속에서도 변화가 어떻게 가능한지를 인상적으로 보여줍니다. 그들은 탄탄한 연구를 바탕으로 창의적이고 독창적인 치료 전략을 제공하며, 이를 경험 많고 재능 있는 두 치료사가 설득력 있고 흥미로운 스타일로 내용을 전달하여, 독자들이 쉽게 이해하고 적용할 수 있도록 돕습니다. 모든 정신 건강 전문가들에게 강력히 추천하는 필독서입니다."

– 칼 오설리반

아일랜드와 캐나다에서 학계활동을 하였으며, 정신의학 연구를 영국, 캐나다, 미국 학술지에 발표함

"이 워크북은 우울증을 극복하기 위한 효과적인 전략을 배우는 데 필수적인 도구입니다. 요제포비츠(Josefowitz)와 스왈로우(Swallow)는 풍부한 전문성을 바탕으로 효과적이고 과학적으로 검증된 개념들을 명확하고 흥미로우며 실용적인 방식으로 전달하여, 독자들이 '기분을 악화시키는 패턴

(mood-busting patterns)'을 식별하고 변화시킬 수 있도록 돕습니다. 우울증을 경험하는 개인뿐만 아니라 그들을 돕는 전문가도 반드시 읽어야 할 필독서입니다."

– 데이비드 J. A. 도조이스

웨스턴 온타리오 대학교 심리학과 임싱심리학 대학원 프로그램 교수 및 디렉터

"이 책은 우울증으로 고통받는 이들이 완전히 회복하고 앞으로 나아갈 수 있도록 돕는 임상가들에게 매우 중요하고 유용한 자료입니다. 특히 행동활성화에 초점을 맞춘 이 책은 모든 임상가들에게 큰 도움이 되며, 이 핵심 치료 접근법을 충분히 활용하지 못했던 전문가들에게 더욱 유익할 것입니다. 이 책은 사용자 친화적이며, 사례 기반으로 구성되어 있고, 명확하며 실용적입니다. 또한, 경험이 풍부한 치료사 겸 저자들이 집필한 만큼, 임상가와 내담자 모두에게 귀중한 참고서가 될 것입니다."

– 마이클 로젠블루스

토론토 대학교 부교수

『우울증과 성격』의 저자

"이 워크북은 우울증을 겪는 개인뿐만 아니라 내담자를 돕고자 하는 심리치료사, 사회복지사, 작업치료사들에게도 이상적인 자료입니다. 이 책은 실용적이고 목표지향적인 가이드로서, 개인의 강점과 가치를 효과적으로 활용하는 방법을 제공합니다. 또한, 명확하고 흥미로운 문제 해결 방식을 제공하며, 이를 자비와 마음챙김 접근법과 결합시켰습니다. 이 워크북은 행동활성화의 개념을 이해하고, 우울증을 관리하는 다양한 접근법을 제시함으로써, 여러분이 더 밝은 미래로 나아갈 수 있도록 힘을 실어줄 것입니다."

– 니라 리튼버그

정신건강 및 정신 노년학 분야에서 35년간 활동한 작업치료사이자 연구 전문가

『치매』 공동저자

내 인생 최고의 NJ,
노박 얀코비치(Novak Jankovic)에게 바칩니다.
- N. J.

웨슬리(Wesley)와 리암(Liam)에게 바칩니다.
- S. R. S.

목차

추천의 글

1970년대 후반 도입된 체계적인 우울증 치료법은 우울증에 대한 장기적인 관리에 큰 도움이 되었습니다. 에런 벡Aaron Beck의 인지치료, 제럴드 클레먼Gerald Klerman의 대인관계치료, 피터 루윈슨Peter Lewinsohn의 행동치료는 당시 치료 분야를 지배하던 일반적인 정신 내적 모델과 차별화되는 중요한 전환점이 되었습니다. 이러한 새로운 접근법의 주요 장점 중 하나는 사람들이 자신의 질병에서 회복하고 건강을 유지하는 데 필요한 방법을 명확하게 제시했다는 점입니다. 이를 위해 각 치료 세션을 상세히 설명하는 매뉴얼을 제공하고, 우울증과 관련된 정신적 · 감정적 내용을 다루는 과제를 포함했으며, 효과적인 치료 기제를 규명해 추가적인 개선을 이끌어 낼 수 있도록 실증적 평가를 지속적으로 수행했습니다.

치료 매뉴얼이 보급된 이후 40년이 넘도록 이 전략은 많은 성과를 거두었으며, 각 접근법에 대한 강력한 경험적 근거를 제공했습니다. 무엇보다 이 같은 유형의 치료를 받는 사람들의 삶에서 긍정적인 변화를 촉진하는 근본적인 기제에 대한 명확한 이해를 제공했습니다. 이 연구에 따르면 우울증이 초래하는 고립, 마비 그리고 고통스러운 영향에 맞서 싸우는 더 큰 프로젝트에 환자들을 참여시키는 것이 회복의 핵심입니다. 오랜 경력을 지닌 인지치료 전문가 니나 요제포비츠Nina Josefowitz와 스티븐 스왈로우Stephen Swallow는 이러한 점을 깊이 이해하고 있으며, 그들의 행동활성화 워크북은 사람들이 이 회복 과정에 참여하고 자신의 삶을 되찾을 수 있도록 돕는 쉽고도 명쾌한 안내서입니다. 처음에는 두 명의 인지치료 전문가가 환경적 개입을 강조하는 책을 집필했다는 것이 다소 의아하게 느껴질 수 있습니다. 전통적인 인지치료에서 핵심적인 역할을 하는 부정적인 사고, 인지 왜곡, 비합리적 신념 등의 요소들이 과연 어떻게 다루어질까요? 이 책에서 주목할 것은 저자들이 행동 변화를 먼저 시도할 것인지, 아니면 사고 변화를 먼저 시도할 것인지에 대한 이분법적 논리에 갇히지 않는다는 점입니다. 이 책의 핵심 전제는 이 과정이 순환적이라는 점에 있습니다. 즉, 우리의 사고를 바꾸면 행동을 바꿀 수 있고, 반대로 행동을 바꾸면 우리의 신념도 변화할 수 있습니다. 행동활성화 워크북은 이러한 지혜를 활용하는 방법을 구체적으로 설명합니다.

그렇다면 독자는 이 방법을 어떻게 시도할 수 있을까요? 행동활성화를 풀어내는 저자들의 접근 방식이 자칫 과도하게 냉철하고 지시적인 방법으로 오해될 수 있음에도 불구하고, 다행히 이 책에서 저자들은 연민, 자기 긍정, 탐색과 같은 요소를 강조합니다. 이는 결과와 상관없이 의미 있는 경험을 창출하고, 스스로를 긍정하며, 행동을 시작하게끔 이끄는 기반을 마련해 줍니다.

책의 도입부에서부터 저자는 우울증이 사람들의 삶에서 어떻게 나타나는지 깊이 탐구합니다. 단순히 일반적인 진단에 의존하는 것이 아니라, 독자들에게 우울증이 자신의 활동과 세상과의 관계를 어떻게 제한해 왔는지 직접 설명합니다. 이는 현재 자신의 상태를 평가하는 과정일 뿐 아니라, 독자들이 자기 삶이 그동안 얼마나 축소되어 왔었는지를 인식하게 하고, 그러한 결핍이 우울증을 지속시키는 메커니즘이었음을 깨닫도록 돕는 과정이기도 합니다. 또한 저자들은 개인 맞춤형으로 행동 계획을 세우도록 강조하며, 이를 통해 독자가 이전에 중단했던 활동을 재개하거나 새로운 활동을 탐색하도록 돕습니다. 물론, 효과적이고 실행 가능한 활동을 찾는 것과 실제로 이를 실천하는 것은 별개의 문제입니다. 어려운 생활 환경, 어린 시절의 트라우마, 혹은 힘든 대인관계를 마주하고 있는 독자라면 '이런 작은 변화가 정말 효과가 있을까?'라고 의구심을 가질 수 있습니다. 하지만 저자들은 이에 좌절하지 않습니다. 큰 변화부터 시작하는 것이 아니라, 작은 변화에서 시작해 점차 큰 변화로 확장해 나가는 것이 효과적이라는 믿음(수많은 연구가 이를 뒷받침합니다)은 이 워크북이 가진 낙관적인 핵심 원리 중 하나입니다.

행동활성화의 장점 중 하나는 우울증으로 인해 유발되는 생각과 사고가 곧바로 행동으로 이어지지 않게 할 수 있다는 점을 독자들 스스로 깨닫도록 한다는 점입니다. 이는 특히 행동실험을 수행할 때 가장 분명하게 나타납니다. 과거 성취감과 연결감을 느꼈던 활동을 다시 해 보는 것, 혹은 자신을 제한하는 습관에서 벗어나는 것 등의 행동실험은 독자들로 하여금 이러한 미지의 영역에 발을 들여놓을 기회를 제공합니다. 물론, 처음에는 '이건 아무 소용 없을 거야' 혹은 '이미 결과가 뻔히 보여' 같이 생각할 수 있습니다. 하지만 중요한 점은 이런 생각을 거스르면서도 행동을 시도해 보는 과정에서 변화가 시작된다는 것입니다. 저자들은 이 같은 변화 과정에서 얻을 수 있는 놀라운 경험을 소개하는데, 개인적으로 가장 인상적인 예는 '낯선 사람에게 미소를 지어 보고 그 반응을 살펴보기'이었습니다.

저자들의 풍부한 임상 경험은 워크북 후반부에서도 빛을 발합니다. 특히 동기 부여와 회피 문제를 다루는 부분에서 그렇습니다. 사실 많은 워크북, 디지털 앱, 웨비나(웹 세미나) 등에서 높은 수준의 콘텐츠를 제공하지만 사용자의 지속적인 참여를 유지하는 데 어려움을 겪는 경우가 많습니다. 저자는 이 문제를 정면으로 다룹니다. 이들은 독자에게 자신이 소중하게 여기는 가치를 파악하도록 요청하고, 이 가치를 기반으로 프로그램 활동에 참여할 동기를 형성하도록 돕습니다. 또 동기를 저해하는 사고와 신념을 식별하는 과정을 통해 독자들이 자신의 노력을 방해하는 요소들을 이해하고 극복하게 합니다. 이를 통해 독자는 자신의 증상이 가치 있는 삶을 살아가는 것을 어떻게 방해하는지, 그리고 그 증상과 정면으로 맞서는 것이 왜 의미 있는 선택인지 자연스럽게 깨닫게 됩니다.

요즘 서점에는 인기 있고 화제성 높은 우울증 관련 서적이 넘쳐납니다. 만약 여러분이 사용자 친화적이면서도 세심하고 임상적으로 정교한 우울증 워크북을 찾고 있다면, 이 책이 매우 좋은 선택지 중 하나가 될 것입니다.

진델 V. 시걸

토론토대학교 스카버러 캠퍼스 기분장애 연구 석좌교수

역자 서문

우리는 흔히 '느낌'과 '생각'만으로 자신을 이해하고 변화시키려 합니다. 그러나 임상 현장, 뇌과학, 행동주의 이론은 중요한 사실 하나를 강조해왔습니다. '행동이야말로 감정과 사고의 흐름을 바꾸는 출발점이 될 수 있다'라는 점입니다.

행동활성화Behavioral Activation는 이러한 관점을 기반으로 한 심리치료 접근입니다. 이 치료는 단순히 기분 좋은 활동을 늘리는 데 그치지 않고, 회피를 줄이고 가치에 기반한 행동을 강화하며, 이를 구조화된 방식으로 실천하도록 이끕니다.

행동은 단순한 결과물이 아니라, 두뇌의 회로를 재조직하는 능동적 기제입니다. 나아가 우리가 누구이며 어떻게 살아갈지를 실질적으로 형성해 나가는 과정이기도 합니다. 이 책을 통해 행동으로부터의 변화를 체험하기 바랍니다.

2025년 7월

구훈정, 최신형, 김희선

머리말

안녕하세요. 『우울증을 위한 행동활성화 워크북』에 오신 것을 환영합니다. 당신이 이 책을 펼치게 된 이유는 아마도 자신이나 소중한 누군가가 우울증을 겪고 있으며, 그에 대한 해결책을 찾고 있기 때문일 것입니다. 우울증은 정말 힘든 병입니다. 많은 내담자가 말하기를 우울증의 고통은 살면서 경험한 어떤 신체적 고통보다도 더 심하다고 합니다. 저희는 수년 동안 수백 명의 내담자가 한 걸음씩 우울증을 극복하도록 돕는 일을 해 왔습니다. 저희는 우울증이 얼마나 힘든지 가까이에서 지켜봤으며, 이를 극복하고 더 나은 기분을 되찾는 방법이 있다는 것도 잘 알고 있습니다.

우울해지면 사람들은 하던 일에 대한 흥미를 잃고, 피곤하고 무관심해지며, 동기부여도 되지 않습니다. 그러다 보면 한때 즐거움과 의미, 성취감을 경험했던 일도 그만두게 됩니다. 하지만 문제는 활동이 줄어들수록 피곤함과 무관심이 커지고 동기를 잃어 결국 더 깊은 우울감에 빠진다는 점입니다. 많이 들어본 이야기인가요?

대부분의 우울증 관련 서적은 생각과 감정의 변화에 초점을 맞춥니다. 이 책에서는 조금 다른 각도에서 접근해 보려고 합니다. 우리는 주로 당신이 무엇을 *하고 있는지*에 집중할 것입니다. 이 접근법을 '행동활성화behavioral activation'라고 하는데, 이는 수많은 사람이 우울증을 극복하는 데 큰 도움을 준 치료법입니다. 이 방법은 실용적이고 이해하기 쉬우며 직접 해 보기에도 어렵지 않습니다. 무엇보다도 효과가 있습니다. 많은 과학적 연구를 통해 행동활성화가 우울증 치료에 효과적인 방법이라는 것은 분명하게 입증되어왔습니다(Richards et al. 2016).

핵심 개념은 이렇습니다. 더 많은 활동을 하면 기분이 좋아지고, 기분이 좋아지면 기분을 좋아지게 하는 활동에 참여할 동기가 더 생깁니다. 이는 우울증에서 일어나는 과정과 정반대 원리입니다. 행동활성화는 결국 당신이 일상으로 돌아오도록 돕고, 그 과정에서 우울증을 극복하며 더 나은 삶을 만들어 가게 합니다.

이 책은 행동활성화를 다음과 같이 단계별로 안내합니다. 이는 저희가 내담자들과 치료현장에서 진행하는 것과 유사합니다. 1부에서는 행동활성화의 기본 이론을 소개하고, 이를 통해 당신의 우울증을 이해하는 방법을 소개합니다. 2부에서는 우울증을 극복하는 삶의 '구성 요소'가 되는 활동들을 찾고, 이를 행동활성화 루틴에 통합하는 방법을 살펴봅니다. 3부에서는 무기력과 동기 저하 문제를 다루며, 이를 극복하고 다시 활동을 시작할 수 있는 몇 가지 강력한 전략을 소개합니다. 그리고 4부에서는 성과를 유지하고 발전시키는 도구를 제공하고, 감사와 자비 같은 내적 자질을 키워 진정한 행복과 웰빙의 삶을 준비하는 방법을 다룹니다.

책을 읽으며 배운 내용을 바로 실생활에 적용해 보시길 바랍니다. 이를 위해 배운 내용을 돌아보고 기록할 기회를 자주 제공할 것입니다. 또 각 장에는 '당신은 어떤가요?'라는 섹션이 포함되어 있는데, 이는 행동활성화 원칙을 실생활에 적용하는 데 도움이 되는 연습 문제로 구성되어 있습니다. 이 연습을 꼭 시도해 보세요. 모든 연습이 똑같이 효과적이지는 않을 수 있지만, 무엇이 자신에게 가장 도움이 되는지는 직접 경험해 봐야 알 수 있습니다. 저희는 모든 워크시트와 기타 보충 자료를 부록에 게시해 두었습니다. 자세한 내용은 책의 뒷부분에서 확인할 수 있으며 행동활성화 여정에 도움이 되는 자료는 무엇이든 무료로 내려받아 활용하시길 바랍니다.

이 워크북은 부담 없이 편안하게 읽을 수 있도록 친근한 분위기로 구성했습니다. 또한 저희의 개인적인 경험에서 나온 몇 가지 사례도 함께 공유했습니다. 이 내용들이 도움이 되기를 바랍니다.

우울증을 극복하는 일은 결코 쉽지 않으며, 시간이 필요할 수도 있습니다. 하지만 희망은 있습니다. 우울증과 맞서 싸우는 일이 두렵게 느껴지더라도 걱정하지 마세요.

한 걸음씩 차근차근 안내하겠습니다. 당신은 해낼 수 있습니다! 그럼 시작하겠습니다!

BEHAVIORAL

1부

행동활성화의 기초

ACTIVATION

1장
우울증 이해와 탈출구 찾기

슬프거나, 압도되거나, 절망감을 느끼나요? 매사에 에너지가 부족하고, 일을 시작하는 데 어려움을 느끼나요? 예전에 즐겨 하던 활동에 더는 흥미가 없고, 일에 집중하기가 어려운가요? 만약 그렇다면, 당신은 지금 우울증을 겪고 있는 것일 수 있습니다. 이 시점에서 당신이 알아야 할 중요한 사실은, 당신은 혼자가 아니라는 것과 회복에 대한 희망이 있다는 것입니다. 만약 저조한 기분, 낮은 동기, 그리고 삶에 대해 더는 어떤 것에도 관심이 생기지 않는 악순환의 고리에 갇힌 느낌이 든다면, 이 워크북이 탈출구를 찾을 수 있도록 도움을 줄 것입니다.

전 세계 수백만 명의 사람이 모든 인종, 문화, 사회 · 경제적 배경, 종교, 나이, 성별, 성적 지향을 막론하고 우울증의 고통과 함께 살아갑니다. 우울증이 가볍든 심각하든 혹은 그 중간 어디에 있든지, 우리는 당신이 우울증에서 빠져나와 더 나은 삶, 그리고 더 우울-저항적 삶depression-resistant life을 만들어 가게 하는 매우 강력한 접근법을 소개할 것입니다. 바로 '행동활성화'입니다.

수백 편의 연구 결과가 우울증을 치료하는 데 있어 행동활성화의 효과성을 지지합니다. 우리 역시 수년간 내담자들과 상담하면서 행동활성화를 적용해 그 효과성을 목격해 왔기에, 행동활성화가 당신에게도 도움을 줄 수 있으리라고 생각합니다. 다만, 우리가 하는 말만 믿지 말고 실험 삼아 이 워크북을 시도해 보길 바랍니다. 혼자 힘으로 한번 시도해 보세요. 그리고 효과가 있는지 보세요. 당신은 분명 그 시도가 노력해 볼 만한 충분한 가치가 있음을 깨닫게 될 것입니다.

이 장의 후반부에서는 행동활성화에 대해 좀 더 자세히 알아볼 것입니다. 하지만 그전에 먼저, 당신이 겪고 있는 우울증을 좀 더 잘 이해할 수 있도록 돕고자 합니다.

당신의 우울 증상 알아보기

어떤 이들에게는 우울증이 갑자기 찾아옵니다. 또 다른 어떤 이들은 큰 상실감, 부정적인 사건이나 복합적으로 일어나는 일상적 문제로 인해 우울증을 겪기도 합니다. 어떻게 시작되었든 우울증으로 인한 고통은 매우 현실적인 문제입니다. 우울증은 신체, 정서, 정신, 사회, 영성 등 삶의 거의 모든 영역에 영향을 미칩니다. 그렇다면 우울해진다는 것은 정확히 무엇을 의미할까요? 이제부터 자세히 알아보겠습니다.

사람들은 우울증을 저마다 조금씩 다르게 경험합니다. 다음은 가장 흔히 경험하는 증상 목록입니다. 당신은 이 중에서 몇 가지에 해당하는지 살펴보세요.

- 슬프거나, 가라앉거나, 우울한 느낌이 든다.
- 거의 모든 활동에 대한 흥미나 즐거움이 감소한다.
- 미래에 대해 무망감 또는 낙담을 느낀다.
- 실패자가 된 것 같다.
- 죄책감과 무가치감을 느낀다.
- 평소보다 많이 운다.
- 짜증이 나거나 신경이 날카롭다.
- 다른 사람들과 함께 있는 것을 피하고 싶다.
- 식욕이 감소하거나 증가한다. / (다이어트와 상관없이) 체중이 감소하거나 증가한다.
- 평소보다 피로하고 에너지가 저하된다.
- 일을 시작하기가 어렵다.

• 집중하거나 결정하기가 어렵다.

대부분 사람은 때때로 이런 증상을 겪기도 합니다. 이는 정상적인 삶의 일부입니다. 하지만 이러한 증상이 하루의 대부분, 적어도 한 번에 2주 이상 지속된다면 우울증을 앓고 있을 가능성이 상당히 높다고 할 수 있습니다.

우울해지면 죽음이나 이와 관련된 생각이 반복적으로 떠오르곤 합니다. 어떤 사람들은 삶을 끝낼 계획을 세우기도 합니다. 생각을 실행에 옮기고 싶거나, 자해하거나, 자살에 대한 구체적인 계획을 세우는 식으로 우울증이 당신에게 영향을 미친다면, 주치의나 정신 건강 전문가에게 연락해 자신의 감정에 대해 이야기하는 것이 중요합니다. 위기 상황이라면 누군가와 이야기하거나 지역 긴급 구조 전화에 즉시 전화하세요. 인터넷에 '자살 상담'으로 검색하면 정보를 찾을 수 있습니다.

• 자살예방상담전화 109
• 청소년상담 1388
• 정신건강상담전화 1577-0199
• 한국생명의전화 1588-9191

마야 만나기

이 워크북에는 마야와 에드라는 두 사람이 등장합니다. 경우에 따라 다른 내담자의 사례도 포함할 것입니다. 마야는 니나가 치료한 많은 사례를 종합한 가상의 인물이며, 에드는 스티븐이 치료한 많은 내담자를 재구성한 사례입니다. 에드는 조금 후에 만나 볼 것입니다. 이 책에 등장하는 사람들은 모두 실제 사례가 아니며, 우리가 알고 있는 사례를 조합해 구성한 것입니다.

마야는 38세의 고등학교 교사입니다. 남편은 6년 전에 떠났고, 집에는 두 명의 어린 자녀인 바니(8세)와 자코(6세)가 있습니다. 마야는 과거에 우울증을 앓았지만, 지금은 극복했다고 생각했습니다. 그런데 어머니가 돌아가시고 약 1년 후에 다시 우울증이 찾아왔습니다. 어머니는 몇 년 동안 앓다가 돌아가셨고, 마야는 어머니가 돌아가시기 전까지 열심히 간병했습니다.

마야는 니나에게 우울증이 점점 악화되고 있다고 말했습니다. 더불어 눈물이 나고 소진된 기분이 들며, 회사에 가지 않는 날이면 온종일 아무것도 하지 않는다고 이야기했습니다. 그녀는 자신이 쓸모없는 엄마처럼 느껴졌고, 아이들과 있어도 더 이상 즐겁지 않았습니다. 오래 사귀던 남자친구는 그녀를 속이고 바람을 피웠고, 이 일로 이별했음에도 마야는 외로움을 느끼며 그를 그리워했습니다. 게다가 지난 1년 동안 살이 10kg 가까이 찐 상황이라 자기 모습이 정말 맘에 들지 않았습니다. 그녀는 삶이 더 나아지지 않는다는 사실에 절망감을 느꼈습니다.

마야는 우울증 증상 목록을 보고는 많은 항목이 자신에게 해당한다는 것을 알았습니다. 하지만 자신이 혼자가 아니라는 사실과 다른 사람들 역시 자신과 비슷한 어려움을 겪고 있다는 사실에 다소 위안을 얻었습니다.

당신은 어떤가요?

이 책 곳곳에는 '당신은 어떤가요?'라는 제목의 워크시트가 있습니다. 이 연습은 각 장에서 다룬 내용을 자기 삶에 적용해 보는 중요한 기회입니다. 따라서 꼭 시도해 보길 바랍니다. 워크시트를 통해 이 책으로부터 더 많은 것을 얻을 수 있을 것입니다.

우울 증상 목록을 다시 살펴봅시다. 그런 다음 '나의 우울 증상' 워크시트에서 자신에게 해당하는 모든 증상을 나열하세요. 목록에 없는 당신만의 우울 증상을 추가할 수도 있습니다. 증상을 적고 나면 각각에 대해 심각도를 평가해 보세요. 증상 심각도란, 증상을 경험하는 빈도와 증상의 강도를 합한 것입니다. 1점은 증상이 매우 경미하다는 것을, 10점은 증상이 매우 심하다는 것을 의미합니다.

나의 우울 증상	
증상	심각도 1(매우 약함)~10(매우 심각함)

기분 악화 주기(cycle) 이해하기

우울함을 느낀다면 아마도 부정성negativity이라는 커다란 검은 구름에 휩싸여 있는 느낌이 무엇인지 알 것입니다. 부정성은 부정적인 감정, 생각, 행동으로 구성되어 있습니다. 예를 들면 우울할 때는 슬프고, 절망적이며, 피곤하고, 의욕이 없어집니다. 이런 감정은 '모든 것이 너무 힘들어', '아무것도 중요하지 않아', '아무도 나에게 관심이 없어', '나는 중요하지 않아', '아무것도 나아지지 않을 거야' 등과 같은 비관적이고 의욕을 떨어뜨리는 *생각*과 연관되어 있습니다. 그리고 이 같은 생각과 감정은 행동의 변화로 이어집니다. 예를 들면 잠을 더 많이 자고, 운동을 덜 하고, 친구나 가족을 덜 만나고, 직장에서 일을 덜 하고, 취미활동에 소홀해질 수 있습니다. 우울할 때 사람들은 일반적으로 덜 활동적으로 변하며, 이전에 즐겼던 활동으로부터 멀어지고, 자신의 문제를 마주하기보다 피하는 경향이 있습니다. [그림 1.1]은 우울증과 관련된 감정과 생각이 어떤 방식으로 행동에 부정적인 영향을 미치는지 보여 줍니다.

[그림 1.1] 우울증이 행동에 미치는 부정적인 영향

하지만 이 모델은 퍼즐의 절반에 불과합니다. 여기서 빠진 정말 중요한 조각은 바로 우울한 감정과 생각이 우리를 삶으로부터 물러나게 하며, *그렇게 삶으로부터 물러나 문제를 회피하게 되면 더 우울해지게 된다는 사실입니다.*

이 내용에 주목할 수 있도록 아래에 다시 한번 강조하였습니다.

삶으로부터 물러나기 + 문제 회피하기 = 더 우울해짐

[그림 1.2]를 보고 자신에게 어떻게 적용되는지 생각해 봅시다.

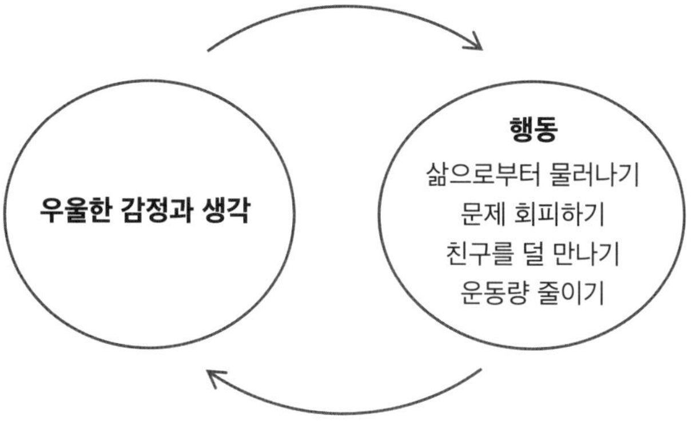

[그림 1.2] 우울증의 악순환을 유지하는 행동

기분을 악화시키는 행동들

우울할 때 우리가 하는 행동의 구체적인 예를 살펴봅시다. 우리는 이것을 '기분을 악화시키는 행동'이라고 부르는데, 이 행동들은 곧잘 우리가 경험할 수 있는 긍정적인 감정의 기반을 약화시키고 우울한 상태로 끌어내리기 때문입니다. 이 목록은 서로 중복되기도 하지만 괜찮습니다. 이 목록은 전부를 담고 있는 것은 아니며, 단지 기분을 망치는 행동에 대해 생각해 보도록 일부를 제시한 것입니다.

사회적 접촉을 피하거나 줄이기: 가족, 친구 또는 직장 동료 만나기를 피하는 것이 여기에 해당합니다. 집에 혼자 있는 것을 더 편하고 안전하게 느끼기 때문에 이런 종류의 행동을 하는 경우가 많습니다.

즐거움이나 재미를 주는 활동을 피하거나 줄이기: 좋아하는 음악을 덜 듣고, 좋아하는 취미를 등한시하고, 아침에 카페에 가는 일도 더는 하지 않습니다.

성취감이나 숙달감을 주는 활동을 피하거나 줄이기: 요리나 물건 고치기 등 자신이 잘 하는 일상 활동을 그만두거나, 학업 마치기 혹은 새로운 기술 배우기 같은 더 큰 목표를 포기하는 것이 여기에 해당합니다.

의미나 목적의식을 제공하는 활동을 피하거나 줄이기: 자원봉사나 자녀, 가족, 친구, 반려동물 돌보기처럼 자신의 가치관과 일치하는 활동을 중단하는 것이 해당합니다.

건강에 좋은 활동을 피하거나 줄이기: 운동량을 줄이거나, 불규칙한 수면 패턴에 빠지거나, 건강에 좋지 않은 식습관을 갖는 것이 여기에 해당합니다.

처음에는 기분이 나아지는 것 같지만 장기적으로는 건강하지 않은 활동 늘리기: 음주, 약물 사용, 도박, TV 과잉 시청, 인터넷 및 소셜 미디어 사용량이 늘어나는 것 등이 해당합니다.

회피 또는 미루기: 힘들어 보이거나 불편하거나 부담스러운 중요한 일 혹은 상황을 어떤 식으로든 회피하고 미루는 경우가 여기에 해당합니다.

이 행동 목록을 보면서, 사람들이 왜 우울증에 빠지는지 이해되기 시작했나요? 삶으로부터 멀어지고 도움이 되지 않는 대처 전략을 사용하기 시작하면, 우울증은 점점 더 나빠지고 스트레스는 증가합니다. 우리는 친구와 가족으로부터 멀어질수록 외로움을 더 많이 느끼게 됩니다. 문제를 피하는 것이 오히려 문제를 악화시킵니다. 또한 수면과 식사 패턴이 깨지면, 기분이 더 안 좋아집니다. 그 결과는 어떤가요? 자신을 행복하게 만드는 일은 점점 더 적게 하고, 자신을 불행하게 만드는 일은 점점 더 많이 하는 악순환에 빠집니다. 결국 우울증이 더 악화됩니다.

마야의 행동을 통해 어떻게 우울증의 악순환에 빠지게 되었는지 살펴봅시다. 마야는 어머니의 병간호로 늘 피곤했기에 가능한 한 많은 시간을 누워서 쉬었습니다. 그녀는 아무것도 하기 싫었습니다. 예전에는 주말에 전남편이 아이를 데리고 있으면 친구나 남자친구와 함께 영화를 보러 가거나 저녁 식사를 하곤 했지만, 이제는 대부분 시간을 집에 머무릅니다. 동네 수영장에서 수영하는 것도 그만두었습니다. 집에 너무 오래 있는 탓에 평소보다 술을 더 마시기 시작했습니다. 또 SNS와 인터넷 검색에 더 많은 시간을 보냈습니다. 예전에는 아이들이 좋아하는 가정식 요리나 쿠키도 만들었지만, 우울증에 걸린 이후로는 전혀 요리하지 않았습니다. 마야는 한숨을 쉬며 마치 자신이 삶으로부터 멀어지는 것처럼 느껴진다고 말했습니다.

돈 문제에 대한 스트레스가 커서 아직도 어머니 유산에 대한 세금 신고도 하지 않았고, 회계사에게 전화하는 것도 회피해 왔다는 사실을 인정하기 어려웠습니다. 또한 예산을 세우고 청구서를 처리하는 것도 미루고 있었습니다. 그녀는 "당연해요. 미루면 미룰수록 걱정만 더 커져요"라고 말하며 씁쓸한 미소를 지었습니다.

마야는 우울증 때문에 이전에 하던 많은 일을 그만두게 된 거라고 항상 생각했습니다. 하지만 지금은 자신이 일이나 활동으로부터 철수하고 회피한 까닭에 우울해진 것은 아닌지 의구심이 들기 시작했습니다.

당신은 어떤가요?

잠깐 당신의 기분을 악화시키는 행동에 대해 생각해 본 다음, '기분을 악화시키는 활동' 워크시트를 작성해 봅시다. 해당하는 항목에 당신의 생활 속 사례들을 적어 보세요.

기분을 악화시키는 활동	
기분을 망치는 유형	**생활 속 예시**
사회적 접촉을 피하거나 줄이기	
즐거움이나 재미를 주는 활동을 피하거나 줄이기	
성취감이나 숙달감을 주는 활동을 피하거나 줄이기	
의미나 목적의식을 제공하는 활동을 피하거나 줄이기	
건강에 좋은 활동을 피하거나 줄이기	
처음에는 기분이 나아지는 것 같지만 장기적으로는 건강하지 않은 활동 늘리기	
문제 직면하기를 회피하거나 해야 할 중요한 일을 회피하기	
다른 기분을 악화시키는 행동(상세하게)	

행동활성화의 기분 향상 순환 고리

행동활성화는 이 모든 것에 어떻게 꿰맞춰질까요? 앞서 우울한 감정과 기분을 악화시키는 행동이 상호작용하면서 악순환을 일으킨다는 사실을 살펴보았습니다. 이는 기분을 악화시키는 행동이 우울의 악순환을 계속되게 하지만, 한편으로는 우리의 행동을 바꾸면 우울증의 악순환이 중단되고 심지어 역전시킬 수 있음을 의미하기도 합니다. *행동을 바꾸면 기분이 달라질 수 있습니다.* 이에 대해 잠시 생각해 보세요. 정말 중요합니다.

기분을 바꾸기 위해 행동을 바꾸라.

우울증을 악화시키는 행동을 바꿀 수 있도록 우리가 도울 것입니다. 좋은 소식은 기분을 악화시키는 행동을 바꾸고 '기분을 좋게 하는 행동'을 더 많이 하면 우울감이 줄어들고 동기가 생기기 시작하며, 기분을 가라앉게 만드는 부정적인 생각이 줄어들게 된다는 점입니다. 다시 말해, 활동이 늘어나고 연쇄적으로 기분이 좋아지는 긍정적인 사이클이 형성되면 시간이 지나면서 더 행복하고, 더 만족스러우며, 더욱더 우울감에 저항하는 삶depression-resistant life을 살 수 있게 됩니다.

어떤 유형의 활동은 기분을 좋게 하고 우울의 부정성을 상쇄시키는 데 특히 효과적입니다. 우리는 이런 활동들을 우울-저항적 삶depression-resistant life의 구성 요소라고 부릅니다. 그러한 활동의 예는 다음과 같습니다.

- 즐거움이나 재미를 주는 활동
- 신체 활동을 촉진하는 활동
- 사회적 관계와 관련된 활동
- 개인적 가치와 관련된 활동
- 숙달감과 성취감을 키우는 활동
- 문제를 직면하고 해결하는 데 도움이 되는 활동

행동활성화라는 도구를 사용해 당신에게 가장 적합하고 기분을 최고로 향상시킬 수 있는 활동 조합을 찾을 수 있도록 돕고자 합니다. 기분을 좋아지게 하는 더 많은 행동을 할수록 삶이 변화하기 시작하고, 기분도 긍정적으로 변할 것입니다. 자기 자신에 대해 더 좋게 느끼게 되며 자신감도 증가할 것입니다. 문제를 직면하고 해결책을 찾는 것이 더 쉽게 느껴지기 시작할 것입니다. [그림 1.3]은 기분을 좋아지게 하는 행동활성화 주기mood-boosting cycle를 보여 줍니다.

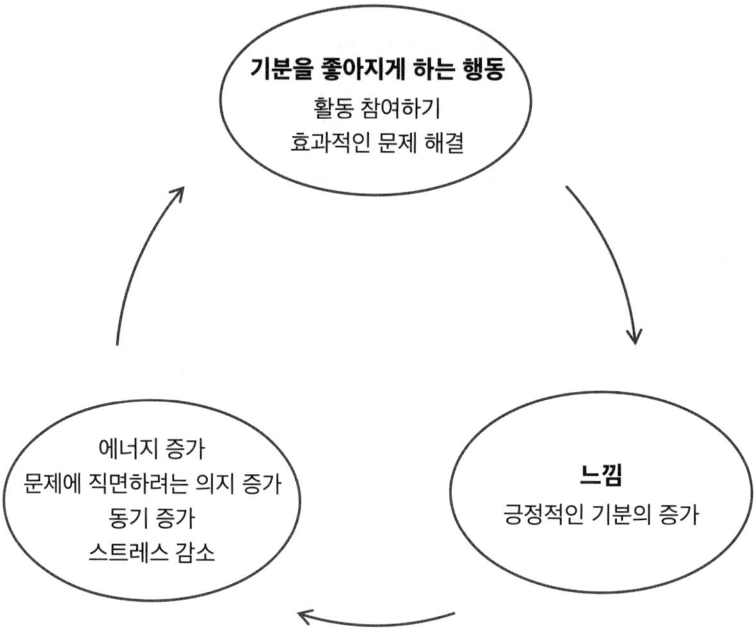

[그림 1.3] 기분을 좋아지게 하는 행동활성화 주기

이는 한 번에 동시에 일어나는 것은 아니며, 쉬운 일은 더더욱 아닙니다. 우울할 때는 방금 언급한 활동들이 도움이 된다는 것을 알면서도 이런 활동 중 어느 하나도 떠올리기 힘들 수 있습니다. 하지만 괜찮습니다. 이 활동들을 당신의 생활에 실천할 수 있고 지속 가능한 방식으로 적용하는 방법을 제시할 것이며, 이에 따라 당신도 해낼 수 있다고 믿습니다!

당신은 어떤가요?

이 책에서는 기분을 나아지게 하는 당신만의 행동 도구 키트를 만드는 데 많은 시간을 할애하고자 합니다. 아직 시작하기에는 조금 이른 감이 있지만, 지금 당장 생활에 적용하고 싶은, 당신의 기분을 좋게 하는 구체적인 활동을 적어 보세요.

기분을 좋게 하는 활동을 당신의 삶에 추가하는 것이 어떻게 느껴지나요? 잠시 생각해 보고, 아래에 생각을 정리해 보세요.

당신의 삶에 적용하고 싶은 활동이 떠올랐나요? 행동 목록에서 한 가지 행동을 고르고 그 활동을 실천할 시간을 정했다면, 이제 거기서부터 행동활성화 작업을 시작할 수 있습니다. 축하합니다! 행동활성화를 위한 첫 번째 단계가 시작되었습니다.

기분을 좋게 하는 행동이 잘 떠오르지 않더라도 걱정하지 마세요. 우울증으로 고생하는 많은 사람이 기분을 좋게 하는 행동을 떠올리는 것에 어려움을 겪습니다. 이 책에서는 당신이 우울증의 악순환을 끊고 행동을 활성화하며 기분을 개선하는 긍정적인 사이클을 만드는 데 도움이 되는 활동을 찾을 수 있도록 여러 도구를 제공할 것입니다.

우리가 행동활성화를 좋아하는 이유

우울증으로 고통받는 내담자들과 함께 일하면서 우리는 수년 동안 행동활성화 기법을 사용해 왔습니다. 우리 자신의 삶에 행동활성화를 직접 적용해 왔고, 그 과정에서 효과를 직접 경험했습니다. 따라서 당신에게도 행동활성화가 효과가 있으리라 생각합니다. 우리가 행동활성화를 열광적으로 지지하는 데는 그 외에도 몇 가지 이유가 더 있습니다.

해 볼 만한 치료입니다

우리에게는 자신의 감정과 신체 감각에 대한 직접적인 통제권이 거의 없습니다. 그것이 현실입니다. 행복한 감정을 불러일으키는 것 혹은 죄책감, 절망감, 피로감을 떨쳐내는 것은 어려운 일입니다. 우리는 자신의 생각에 대한 통제권도 그다지 가지고 있지 않습니다. 불가능한 것은 아니지만, 부정적인 생각이 머릿속에 떠오르는 것을 막는 것 역시 힘든 일입니다. 반면에 우리가 하는 일에 대해서는 대개 더 많은 통제권을 가집니다. 행동을 바꾸는 것, 특히 작은 단계부터 실천하는 것은 오히려 감정이나 생각을 바꾸는 것보다 더 시도해 볼 만한 일입니다.

긍정적이고 현재 지향적입니다

우울한 사람들은 대개 큰 상실, 유기, 편견, 혹은 '학대의 경험, 혹은 다른 유형의 트라우마나 역경' 등 매우 힘든 아동기를 겪은 경우가 많습니다. 이런 경험에 대해 치료사와 이야기하고 처리하는 것이 때로는 도움이 됩니다. 그러나 행동활성화는 우리가 오늘, 여기서 할 수 있는 일에 초점을 두며, 가능한 한 우리 자신에게 좋은 삶을 만듦으로써 우울증을 물리치게 합니다. 이것이 바로 기분이 나아지게 하는 본질적으로 긍정적이고, 삶을 긍정하는 접근 방식이라고 생각합니다.

어떤 사람들은 지금 이 순간 심각한 어려움을 겪고 있을 수 있는데, 그 어려움이 우울증을 유발하거나 악화시킬 수 있습니다. 혹은 당신(또는 사랑하는 사람)이 건강 문제로 두려움을 겪고 있을 수 있으며, 학교나 직장에서 무시당하거나 괴롭힘 당하고 있을 수 있으며, 재정적 어려움이나 관계 혹은 사회적 문제로 고군분투하고 있을 수 있습니다. 행동활성화는 이 같은 유형의 도전에 직면할 때 당신이 강하고 회복력 있게 버틸 수 있도록 도와줄 수 있으며, 당신이 직면한 문제를 해결하는 도구들을 제공해 줄 수 있습니다(7장 참조).

인생에서 상처받은 경험에 노출된 적이 있다면, 특히 그 일이 어린 시절에 일어난 일이라면 자신을 중요하지 않은 존재로 여기거나 행복할 자격이 없다고 여길 수 있습니다. 만약 그렇다면, 기분이 나아지기 위해 첫걸음을 내딛는 것이 더 어려울 수 있습니다. 행동활성화가 지닌 매우 고무적인 메시지 중 하나는 당신이 누구든, 인생에서 어떤 경험을 했든, 당신은 행복하게 잘 살아가는 것이 중요한 매우 소중한 사람이라는 것입니다. 이 책을 읽으면서 자신을 귀하게 여기고, 자신을 위해 행복하고 좋은 삶을 만드는 것이 얼마나 중요한지 깨닫길 바랍니다. 이는 어느 정도 용기가 필요한 일이지만 그만큼 매우 중요한 일입니다.

근거에 기반한 치료입니다

결론은 이미 나왔습니다. 행동활성화는 정말 효과적입니다. 수백 건의 연구가 우울증 치료에서 행동활성화의 효과성을 입증해 왔습니다. 전 세계 심리 및 정신과협회의 진료 지침에서 그간의 연구 결과를 모두 고려해 행동활성화를 효과적인 근거 기반의 우울증 치료법으로 인정할 정도로 증거가 매우 확고합니다(American Psychological Association 2019; Australia and New Zealand: Malhi et al. 2021; Great Britain: National Institute for Health and Care Excellence[NICE] 2022; Canada: Parikh et al. 2016). 이는 이 책에서 말할 모든 내용이 연구로 뒷받침된다는 것을 의미합니다.

다음 단계는 무엇인가요?

이 장에서는 행동활성화를 통해 우울증의 악순환을 끊고, 악순환의 고리를 되돌릴 수 있는 효과적인 방법을 안내했습니다. 이 장의 내용 중 무엇이 가장 인상 깊은가요?

이 장에서 다룬 내용을 지금 당신의 삶에 어떻게 적용할 수 있을까요?

다음 장에서는 행동 패턴과 우울증의 연관성을 집중적으로 살펴볼 것입니다. 당신의 행동이 어떻게 우울증을 유지하는지 이해할 틀을 제공할 것이며, 당신이 발견한 것을 활용해 어떻게 하면 기분이 나아질 수 있는지 그 방법을 제시할 것입니다.

2장
기분 전환 패턴 파악

기분을 개선하기 위해 행동을 어떻게 바꿀 수 있을지 생각하기 전에, 우울증이 현재 나의 행동에 어떤 영향을 미치는지 잘 이해해야 합니다. 이 장에서는 우울해진 이후에 행동이 어떻게 변하는지, 그러한 변화가 기분에 어떤 영향을 미치는지 살펴볼 것입니다. 그런 다음 우울증의 악순환을 끊어내는 데 사용할 수 있는 일상 활동의 패턴을 찾아봅시다. 이 장에서는 에드의 사례를 들어 설명하고자 합니다. 에드에 대한 소개부터 시작하겠습니다.

에드 만나기

에드(스티븐이 치료한 우울증 환자들을 종합해 만든 가상의 인물)는 27세의 숙련된 목수입니다. 그는 주디와 결혼했고, 두 사람 사이에는 세 살배기 아들 알렉스가 있습니다. 치료받으러 왔을 당시 그는 반복적인 긴장성 증후군으로 인해 오른손과 손목의 심한 통증, 저림, 무력감으로 2년 동안 일을 쉬고 있는 상태였습니다. 의사는 신경 손상을 의심했지만, 여러 차례 검사했음에도 결정적인 단서를 발견하지 못했습니다.

부상당하기 전에는 장시간 일을 해서 돈도 꽤 많이 벌었습니다. 아내와 함께 시간을 보내는 것이 행복했고, 아들과 장난치는 것을 좋아했습니다. 일터나 동네 맥줏집에서 가끔 동료들과 어울리는 것도 좋아했습니다.

에드와 아내는 주말에 종종 가족이나 친구들을 초대해 햄버거와 소시지를 구워주곤 했습니다. 겨울에는 고등학교 친구들과 아이스하키를 즐겼고, 여름에는 축구를 하거나 가끔 골프를 쳤습니다. 처음 손과 손목에 통증을 느끼기 시작했을 때, 에드는 여러 명의 의사와 물리치료사를 만났습니다. 하지만 아무런 도움이 되지 않았습니다. 그는 점점 더 낙담했습니다. 보상금을 받고 있었지만 직장에서 벌어들이는 수입의 일부밖에 되지 않았고, 앞으로 가족을 부양할 수 있을지 걱정이 되었습니다. 에드는 열심히 일하는 것에 큰 자부심과 명예를 느끼는 가정에서 자랐습니다. 그는 일을 하지 못하는 자신이 창피하고 수치스러웠습니다.

에드는 기분이 나빠지면서 즐겨 하던 활동들을 그만두었습니다. 하루의 대부분을 TV 게임 쇼와 스포츠 재방송을 보며 보냈습니다. 아이스하키는 경기에 나서기 어려운 것은 물론, 하키 스틱을 잡기도 어려웠습니다. 에드는 일하지 않는 것이 너무 창피해서 친구와 가족을 만나는 것을 피하기 시작했습니다. 사람들이 자신에 대해 '제도를 악용하고 있다'고 생각할까 봐 걱정했습니다. 그는 집에서 시간을 보내며 간식을 더 많이 먹고 맥주도 더 많이 마셨습니다. 그 결과 살이 쪘습니다. 자신의 체형이 변하는 것이 불편하게 느껴졌고, 기분은 점점 더 나빠졌습니다. 그는 자기 모습이 마음에 들지 않았습니다. 미래도 희망도 없고, 그저 암울하기만 했습니다.

달라진 점 파악하기

우울증이 행동에 어떻게 영향을 미치는지 명확하게 이해하고, 기분을 좋아지게 하는 활동들을 떠올리기 위해서는 우울해진 이후 자신의 활동이 어떻게 달라졌는지를 이해하는 것이 중요합니다. 오랜 시간에 걸쳐 우리는 우울증이 활동에 어떤 영향을 미치는지 파악하려면 다음의 '나의 활동 변화' 워크시트를 활용하는 것이 매우 도움이 된다는 것을 알게 되었습니다. 당신은 이 워크시트를 활용해 우울해지기 전의 활동과 우울해진 이후, 즉 현재의 활동을 비교해 볼 수 있습니다. 오랫동안 우울증을 겪은 까닭에 잘 기억 나지 않는다면, 상대적으로 기분이 좋았던 때와 현재의 활동을 비교해 볼 수도 있습니다. 여기서는 기분에 초점을 두는 것이 아니라, 우울증이 당신의 활동에 어떤 변화를 가져왔는지에 초점을 맞춘다는 점을 기억하세요. 이것이 우울증을 바라보는 새롭고 낯선 방법처럼 느껴질 수 있지만, 한번 시도해 보세요.

에드의 사례를 활용해 '나의 활동 변화' 워크시트를 작성해 보았습니다. 에드의 답변이 서로 다른 카테고리에 걸쳐 상당히 중복되는 것을 볼 수 있는데, 이는 매우 정상적인 현상입니다. 에드의 답변을 읽은 후 당신의 답변도 작성해 보세요.

<table>
<tr><th colspan="2">나의 활동 변화</th></tr>
<tr><td colspan="2">(만약 있다면) 우울해진 계기가 된 생활 사건
예시: 오른손과 손목에 통증, 저림, 무력감이 생겨서 일을 그만둬야 했음.
나:</td></tr>
<tr><td>활동 유형</td><td>우울해진 이후 활동의 변화된 점</td></tr>
<tr><td rowspan="2">즐거움이나 성취감을 주는 활동</td><td>늘어난 활동: 스포츠 프로그램 시청, 비디오 게임, 아들과 함께 어울리기
감소한 활동: 하키 및 축구 경기, 가족 및 직장 동료들과 어울리기, 세차하기, 집수리하기, 출근하기, 아내와 산책하기</td></tr>
<tr><td>나:</td></tr>
<tr><td rowspan="2">내가 즐기지 않는 활동</td><td>늘어난 활동: 혼자 시간 보내기, 낮 시간 TV 시청
감소한 활동: 겨울철 출근길 운전</td></tr>
<tr><td>나:</td></tr>
<tr><td>활동 유형</td><td>우울해진 이후 활동의 변화된 점</td></tr>
<tr><td rowspan="2">신체 운동</td><td>늘어난 활동: 없음
감소한 활동: 정기적인 하키와 축구 경기, 가끔 골프 경기, 아내와 산책하기</td></tr>
<tr><td>나:</td></tr>
</table>

<table>
<tr><td rowspan="2">친구들과 시간 보내기</td><td>늘어난 활동: 온라인 게임을 하는 친구들과 어울리기
감소한 활동: 직장 친구들과 맥줏집에 가기, 하키 및 축구 경기 후 친구들과 어울려 놀기, 집에서 바비큐 파티하기, 친구 집에 방문하기</td></tr>
<tr><td>나:</td></tr>
<tr><td rowspan="2">가족과 시간 보내기</td><td>늘어난 활동: 아들과 함께하는 놀이 시간
감소한 활동: 가족들과 바비큐 파티하기, 아내와 데이트하기, 아들과 몸으로 놀기</td></tr>
<tr><td>나:</td></tr>
<tr><th>활동 유형</th><th>우울해진 이후 활동의 변화된 점</th></tr>
<tr><td rowspan="2">여가 및 취미 활동</td><td>늘어난 활동: 비디오 게임
감소한 활동: 친구들과 골프, 드라이브</td></tr>
<tr><td>나:</td></tr>
<tr><td rowspan="2">담배, 식습관, 알콜, 약물</td><td>늘어난 활동: 과자나 쿠키 먹기, 매일 맥주 마시기
감소한 활동: 없음</td></tr>
<tr><td>나:</td></tr>
<tr><td rowspan="2">수면 패턴</td><td>늘어난 활동: 과자 먹으면서 늦게까지 TV 보기
감소한 활동: 아내와 함께 잠자리 들기, 아들의 기상에 맞춰 일어나기</td></tr>
<tr><td>나:</td></tr>
</table>

내가 대처하는 다른 방법	늘어난 활동: 비디오 게임 감소한 활동: 없음
	나:

사람들은 이 워크시트를 완성하면서 다양한 반응을 보입니다. 어떤 사람은 자기 삶을 진지하게 돌아보면서 압도되는 경험을 하기도 하고, 어떤 사람은 자신이 겪는 우울증을 더 잘 이해하게 되면서 안도감을 느끼기도 합니다. 에드는 워크시트를 완성했을 때, 부상 이후 전체적으로 달라진 변화에 큰 충격을 받았습니다. 이 같은 변화 중에는 평소에 알지 못했거나, 그다지 중요하다고 여기지 않았던 부분도 있었습니다. 에드는 이러한 변화 중 상당수가 실제로 자신의 우울증에 또다시 영향을 미친다는 것을 이해하기 시작했습니다. 이는 매우 새로운 관점이었습니다.

자기 삶을 세세하게 살펴보고 워크시트를 작성하는 것은 용기가 필요한 작업일 수 있습니다. 자신의 활동과 우울증 사이의 관계를 이해하는 것은 기분을 개선하기 위해 정말 중요한 단계입니다.

잠시, 워크시트를 살펴봅시다. 우울해진 이후로 당신의 행동은 어떻게 변했습니까? 또 그 행동이 변화시킨 방식을 보면서 무엇을 깨닫게 되었습니까?

일일 활동 추적하기

이제 당신의 활동이 기분에 어떻게 영향을 미치는지 자세히 살펴보려고 합니다. 이 작업을 하기 위해서는 하루 동안의 *활동과 기분*을 추적해 보아야 합니다. 그렇게 하면 하루 동안 기분이 어떻게 변하는지 어느 정도 파악할 수 있습니다. 하지만 가장 중요한 것은 일일 활동을 추적하는 활동을 통해 당신이 하거나 혹은 하지 않는 활동이 당신의 기분에 어떻게 영향을 미치는지 알게 된다는 사실입니다.

우울할 때는 우울증이 마치 움직이지 않는 채로 머리 위에 드리워져 있는 부정적인 구름처럼 느껴질 수 있습니다. 하지만 하루를 좀 더 자세히 살펴보면, 생각한 것보다 더 자주 당신의 기분이 오르락내리락한다는 것을 알게 됩니다. 이 같은 사소한 기분 변화를 감지하는 것은 중요합니다. 예를 들면, 하루 중 특정 시간대에 기분이 더 좋을 수 있습니다. 혹은 어떤 활동을 하고 나면 다른 활동을 했을 때보다 기분이 더 좋아진다는 것을 발견할 수도 있습니다.

다음의 '일일 활동' 워크시트를 사용하면 어떤 활동이 기분을 좋게 하거나 나쁘게 하는지 추적할 수 있습니다. 그런 다음 이 정보를 사용해 기분을 개선하는 데 도움이 되는 활동을 알아낼 수 있습니다. 사람마다 느끼는 기분과 정도가 다른 만큼 자신에게 가장 잘 맞는 활동의 조합과 유형을 찾아야 합니다.

'일일 활동' 워크시트는 하루 중 매시간 무엇을 하는지 추적하고, 1부터 10까지의 척도로 기분을 평가하게 합니다. 1점은 느낄 수 있는 가장 낮고 우울한 감정 상태를 의미하며, 10점은 느낄 수 있는 가장 좋은 감정 상태를 의미합니다. 시간당 두 가지 이상의 활동을 한 경우, 가장 중요한 두 가지 활동을 기록하거나 혹은 당신이 한 일을 파악할 수 있도록 '심부름'과 같이 단어로 적을 수도 있습니다.

나만의 '일일 활동' 워크시트를 작성하기 전에 마야가 작성한 워크시트를 참고해 보세요. 에드의 '일일 활동' 워크시트는 부록을 참고하세요.

마야의 일일 활동 1(매우 우울함)~10(매우 행복함)							
시간	월요일	화요일	수요일	목요일	금요일	토요일	일요일
6:00 a.m.	침대에 눕기(1)			침대에 눕기(1)			
7:00 a.m.	침대에 눕기(1)	침대에 눕기(1)		제시간에 일어나기(3)	일어나서 침대에 누워 있기(1)		
8:00 a.m.	아이들 아침 식사(2), 등교 준비(2)	아이들 아침 식사(2), 등교 준비(3)	늦은 아침 식사 및 아이들 학교 데려다주기(1)	아이들 아침 식사(4), 등교 준비(2)			
9:00 a.m.	아이들 학교에 데려다주고, 운전해서 출근하기(3)	아이들 학교에 데려다주고, 운전해서 출근하기(3)	아이들 학교에 데려다주고, 운전해서 출근하기(2)	아이들 학교에 데려다주고, 운전해서 출근하기(2)			기상(1)
10:00 a.m.	수업(3)	수업(3)	회의(4)	수업(4)	수업(4)	침대에 누워 있기, 아침 식사(2)	침대에 누워 있기, 아침 식사(2)
11:00 a.m.	수업(3)	수업(4)	수업(4)	전문 개발 과정(5)	수업(3)	집 안 청소, 세탁(4)	이메일 답장, 운전 못 하는 엄마 친구 도와드리기(5)

12:00 p.m.	책상에서 점심 식사, 관리 업무(2)	동료와 점심 식사(6)	동료와 점심 식사(5)	책상에서 점심 식사, 관리 업무(2)	책상에서 점심 식사, 동료와 산책(5)	심부름, 장보기, 수영장에서 친구를 만나 수다 떨기(5)	엄마 친구 방문 및 심부름(6)
1:00 p.m.	수업(3)	수업(5)	학생들 시험(4)	수업(3)	수업(5)	낮잠(3)	엄마 친구 방문 및 심부름(6)
2:00 p.m.	자유시간: 걷기(4)	자유시간: 다음 날 준비(5)	자유시간: 시험지 채점(5)	수업(3)	자유시간: 시험지 채점(5)	낮잠(3)	엄마 친구 방문 및 심부름(6)
3:00 p.m.	자유시간: 과제물 채점(5)	자유시간: 과제물 채점(3)	수업(5)	동료와 커리큘럼 변경에 대해 논의(4)	수업(3)	시험지 채점(4)	운전해서 집에 오기, 낮잠(4)
4:00 p.m.	학교에서 아이들 픽업(5)	학교에서 아이들 픽업(5)	아이들 픽업, 아이스크림 먹으러 가기(6)	아이들 픽업(5)	아이들을 픽업해서 아버지 집에 데려다 줌(3)	친구들과 포틀럭 저녁 식사를 위해 요리하기(6)	친구와 이메일 및 문자 메시지(6)
5:00 p.m.	저녁 식사 준비, 아이들과 숙제하기(4)	저녁 식사 준비, 엄마와 관련된 은행 업무(2)	아이들과 보드 게임(5)	아들과 숙제 하기(5)	운전해서 집에 가기, 소셜 미디어(3)	저녁 식사 준비(4)	수업 준비(3)

6:00 p.m.	아이들과 저녁 식사(4)	혼자 저녁 식사(2)	아이들과 저녁 식사(5)	아이들과 저녁 식사(4)	소셜 미디어(2)	친구들과 저녁 식사(5)	소셜 미디어(3)
7:00 p.m.	아이와 함께 TV 시청(7)	빨래(3)	아이들과 숙제(4)	아들과 숙제, 다툼(2)	소셜 미디어(2)	친구들과 저녁 식사(6)	소셜 미디어(3)
8:00 p.m.	아이와 취침(5)	아이와 취침(3)	아이와 취침(5)	아이와 취침(4)	친구들과 그룹 채팅(6)	친구들과 저녁 식사(6)	소셜 미디어(3)
9:00 p.m.	소셜 미디어(2)	소셜 미디어(3)	주방 청소, 세탁, 집안일(5)	예산 짜기(1)	소셜 미디어(3)	친구들과 저녁 식사(6)	소셜 미디어(3)
10:00 p.m.	이모와 전화 통화(8)	소셜 미디어(2)	이메일 확인, 잡지 읽기(4)	예산 짜기(1)	소셜 미디어(2)	집, 부엌 정리, 비디오 게임(6)	침대에 눕기(3)
11:00 p.m.	소셜 미디어(1)	소셜 미디어(2)	잠자리 준비, 목욕(4)	소셜 미디어(1)	넷플릭스 영화(6)	비디오 게임, 취침 준비(6)	
12:00 p.m.	수면	수면	수면	수면	수면	수면	수면

마야는 '일일 활동' 워크시트를 작성하는 것이 어렵고 시간이 오래 걸릴 것이라고 생각했지만, 자신이 한 활동을 쓰고 기분을 평가하는 데는 실제로 몇 분밖에 걸리지 않았습니다. 심지어 마야는 자신이 우울증에 대해 무언가 하기 시작했다고 느끼게 되면서 이 작업에 재미를 느꼈습니다.

마야는 '일일 활동' 워크시트를 보고, 일주일 동안 자신의 기분이 얼마나 크게 오르락내리락하는지 깨닫고는 깜짝 놀랐습니다. 항상 우울한 것 같았지만 실제로는 꽤 많은 변화가 있었습니다.

마야는 좋아하는 일을 할 에너지와 열정이 부족해진 것이 우울감 때문이라고 생각했습니다. 그러나 '일일 활동' 워크시트를 작성한 후에는 자신이 즐겨 하던 일을 하지 않고 집에만 있는 것이 오히려 우울증과 활력 부족의 원인이 되고 있다는 사실을 깨달았습니다. 이는 마야에게 매우 중요한 깨달음이었습니다.

당신은 어떤가요?

이제 당신의 하루 일상을 따라가며, 활동과 감정 간의 연관성에 관해 더 알아보고자 합니다.

매일 시간대별로 활동을 기록하는 것이 다소 부담스러울 수도 있다는 것을 잘 압니다. 많이 부담스럽다면, 일단 오늘 하루의 활동을 기록해 보는 것부터 시작해 봅시다. 완벽하게 쓸 필요는 없다는 점을 기억하세요! 어떤 사람은 매시간 활동을 기록하는 것을 쉽게 느끼는 반면, 다른 사람은 하루를 마무리할 때 한꺼번에 기록하는 것을 쉽게 느낄 수 있습니다. 자신에게 가장 알맞은 방법으로 하면 됩니다. 각 활동 옆에 기분 평가하는 것을 잊지 마세요. 상당히 흥미로운 경험이 될 것입니다.

나의 일일 활동 1(매우 우울함)~10(매우 행복함)							
시간	월요일	화요일	수요일	목요일	금요일	토요일	일요일
6:00 a.m.							
7:00 a.m.							
8:00 a.m.							
9:00 a.m.							
10:00 a.m.							
11:00 a.m.							
12:00 p.m.							
1:00 p.m.							
2:00 p.m.							

3:00 p.m.							
4:00 p.m.							
5:00 p.m.							
6:00 p.m.							
7:00 p.m.							
8:00 p.m.							
9:00 p.m.							
10:00 p.m.							
11:00 p.m.							
12:00 p.m.							

나의 패턴 탐색하기

'일일 활동' 워크시트를 완성하면, 이제 패턴 찾기를 시작할 수 있습니다. 심지어 단 하루 동안의 활동과 기분을 기록하는 것만으로도 기분 향상과 연관된 활동과 기분이 나빠지는 것과 연관된 활동을 알아낼 수 있습니다. 매일 더 많은 정보가 모일수록 이런 연결고리를 점점 더 많이 발견하게 됩니다. 이 정보들을 활용해 기분을 향상시키는 활동 계획을 세울 수도 있습니다.

'일일 활동' 워크시트의 정보를 바탕으로, 다음의 '나의 생활 속 패턴' 워크시트 질문을 사용해 당신의 활동 패턴이 기분과 어떻게 연결되는지 알아봅시다. 질문 중 일부는 일주일 동안 '일일 활동' 워크시트를 완료한 경우를 가정합니다. 만약 워크시트를 완료하지 않은 경우라도 걱정할 필요는 없습니다. 지금까지 작성한 것을 가지고 작업해도 됩니다.

마야의 '일일 활동' 워크시트를 예로 들어 각 질문에 대한 예시 답변을 제시하고, 그 아래에 당신의 답변을 기록할 수 있도록 공간을 남겨 두었습니다.

나의 생활 속 패턴	
어떤 활동이 내 기분을 좋아지게 했는가?	마야: 친구나 다른 사람들과 시간을 보내고, 아이들과 즐거운 시간을 보내고, 산책하고, 비디오 게임이나 영화를 볼 때 기분이 더 좋아진다. 학교에서도 기대했던 것보다 기분이 더 좋았다.
	나:
어떤 활동이 내 기분을 나빠지게 했는가?	마야: 소셜 미디어를 하느라 많은 시간을 소비하는데, 그 후에는 기분이 더 나빠진다. 또 청구서를 처리하고 예산을 짜기 시작할 때면 정말 우울해진다.
	나:
하루 중 내게 가장 좋은 시간은 언제인가?	마야: 직장 점심시간이 꽤 좋다. 특히 친구와 함께 무언가를 할 때, 책상에만 앉아 있지 않을 때 기분이 좋다.
	나:
하루 중 내게 가장 나쁜 시간은 언제인가?	마야: 아침은 정말 힘든 시간. 일찍 일어나서 이리저리 뒤척인다. 엄마가 생각나기도 하고 나 자신이 안쓰럽게 느껴지기도 한다. 저녁도 힘든 시간이다. 소셜 미디어를 하느라 시간을 보내고 나면 슬프고 공허한 기분이 든다.
	나:

일주일 중 가장 좋은 요일은 언제인가?	마야: 일요일 오후가 좋다. 주로 심부름하고 가끔 엄마 친구를 만나러 가기도 한다.
	나:
일주일 중 가장 싫은 요일은 언제인가?	마야: 일요일 저녁은 정말 힘들다. 월요일에 출근하는 게 두려울 정도다.
	나:

어떤 패턴을 발견했나요? 기분을 좋게 하거나, 나쁘게 하는 활동을 찾아낼 수 있었나요? 일주일 동안의 활동을 추적하면서, 어떤 패턴을 발견했나요? 예를 들면, 어떤 사람은 주말이 평일과 상당히 다르다는 점을 알게 됩니다. 당신의 패턴에 대해서도 생각해 보고, 이에 관해 새롭게 알게 된 내용을 적어 보세요.

'일일 활동' 워크시트를 단 며칠만 작성해도 효과적인 행동활성화 계획을 세우는 데 유용한 정보를 얻을 수 있습니다. 당신은 어떤 정보를 얻을지 궁금해집니다.

어떤 사람들은 '일일 활동' 워크시트를 사용하는 것을 그다지 좋아하지 않는데, 당신 역시 그렇다고 해도 괜찮습니다. 일기장이나 스마트폰에 메모하고, 이후에 '나의 생활 속 패턴' 워크시트의 질문으로 기록한 내용을 검토할 수 있습니다. 자신에게 적합한 새로운 방법을 찾는 사람들도 있습니다. 이 연습의 진짜 목표는 당신의 활동과 기분 사이에 나타나는 패턴을 발견하는 것입니다. 이렇게 얻은 정보를 바탕으로 기분을 좋게 하는 활동을 더 많이 시도해 볼 수 있고, 저조한 기분을 바꿀 방법을 찾아볼 수 있습니다.

다음 단계는 무엇인가요?

이 장에서는 좀 더 개인적인 부분(당신의 활동과 기분 사이의 관계 탐색)을 다루었습니다. 이 장에서 당신에게 중요한 것은 무엇이었나요?

배운 내용을 일상에 어떻게 적용할 수 있을까요?

다음 장에서는 행복하고 의미 있으며 우울-저항적 삶depression-resistant life의 토대가 되는 다양한 기분 향상 활동mood-boosting behavior을 살펴볼 것입니다. 더불어 즐거움이나 기쁨을 가져다주는 활동을 찾는 데 중점을 둘 것이며, 성공적으로 수행하고 꾸준히 유지할 수 있는 진짜 효과적인 행동활성화 계획을 세우는 방법을 보여 줄 것입니다.

BEHAVIORAL

2부

행동활성화를 위한 구성 요소

ACTIVATION

3장

좋아하는 것 찾기, 계획 세우기, 시작하기!

행복하고 의미 있으면서 우울증을 극복하는 삶을 창조하는 일은 한 번에 이루어지지 않습니다. 한 번에 한 걸음씩 나아가야 합니다. 우울증을 극복하기 위한 첫 번째 단계는 조금이라도 즐기거나 기쁨을 느낄 수 있는 활동을 삶에 추가하는 것입니다. 우리는 이것을 '즐거운 기분 향상 활동'이라고 부릅니다. 이런 활동을 찾는 데 도움이 되는 세 가지 전략을 살펴봅시다.

지금 현재 효과 있는 것부터 시작하기

활동을 시도하기에 좋은 방법은 이미 해 본 것 중에서 즐거움과 기쁨을 줌으로써 기분을 조금이라도 끌어올려 주는 활동을 찾고, 그런 다음 그 활동을 더 자주 하는 것입니다. '일일 활동' 워크시트를 아직 작성하지 않았다면, 기분이 조금이라도 나아졌을 때 무엇을 하고 누구와 함께 있었는지 생각해 봅시다.

마야는 '일일 활동' 워크시트(2장 참조)를 사용하면서 기분을 좋아지게 하는 즐거운 활동을 찾아냈습니다. 여기에는 자녀와 보드게임 하기, 동료와 점심 식사하기, 점심시간에 산책하기, 수영하는 친구와 수다 떨기, 요리하기, 친구들과 저녁 식사하기, 엄마 친구 심부름하기 등이 포함되었습니다. 마야는 일주일 동안 자신의 기분이 얼마나 달라졌는지 돌아보며 깜짝 놀랐습니다. 그러고는 다음 주에 다시 하고 싶은 활동, 심지어 더 자주 하고 싶은 활동 세 가지를 선택했습니다.

1. 아이들과 보드게임 하기
2. 동료와 점심 식사하기(지난주와 같은 동료든 다른 동료든)
3. 주말에는 볼일을 보고 집 밖으로 나가기

자신의 생활을 살펴보기 전에 패턴을 파악하는 연습을 하거나, 다른 사람이 당신의 삶에 어떤 활동을 추가할지 생각해 보는 연습도 도움이 될 수 있습니다. 에드의 '일일 활동' 워크시트를 살펴보며 그가 기분을 향상시키기 위해 어떤 행동을 계속할 수 있을지 확인해 보세요.

당신은 어떤가요?

이제 당신을 위한 시간입니다. 당신의 '일일 활동' 워크시트를 살펴보거나, 혹은 한 주 동안 당신의 기분을 조금이라도 나아지게 했던 즐거운 일은 무엇이었는지 생각해 봐도 좋습니다. 그런 다음, 계속하고 싶거나 조금 더 자주 하고 싶은 활동 세 가지를 선택해 보세요.

1. ______________________________
2. ______________________________
3. ______________________________

당신은 기분이 나아지기 위한 여정에 첫발을 내디뎠습니다. 좀 더 나아가 봅시다.

이전에 즐겨 했던 활동하기

또 다른 즐거운 기분을 향상시키는 활동을 찾는 방법은 우울해지기 전에는 즐겼지만 지금은 중단한 활동을 다시 해 보는 것입니다. 2장의 '나의 활동 변화' 워크시트는 이러한 활동을 파악하는 데 도움이 됩니다. 오랫동안 우울증에 시달렸더라도, 어느 정도 기분이 나아진 시기가 있었을 것입니다. 그때로 돌아가 당시에 즐겼던 활동을 떠올려 봅시다. 더 이상 이전에 좋아했던 일을 할 수 없더라도, 그와 비슷한 활동은 할 수 있을 겁니다.

에드는 '나의 활동 변화' 워크시트를 보자마자 운동, 특히 하키 그리고 아내와 함께 산책하는 것이 그리웠다고 말했습니다. 에드는 워크시트를 보며 수줍게 웃고는 가끔 아내와 함께 저녁 식사를 하러 나가면 좋을 것 같다고 말했습니다. 그는 직장 동료나 하키 또는 축구 친구들을 오랫동안 보지 못한 터라 친구들도 그리웠습니다. 잠시 생각에 잠긴 에드는 "생각해 보니 가족이나 오랜 친구들을 초대해 바비큐 파티를 할 수 있을 것 같아요"라고 말했습니다. 그러고는 하고 싶은 활동 세 가지를 목록에 적었습니다. 친구들을 초대해 바비큐 파티하기, 아내와 함께 산책하기, 그리고 아내와 함께 레스토랑에 가기입니다.

또 다른 예도 보겠습니다. 에바는 상사에게 성희롱을 당하고 있었습니다. 상사는 자기가 스무 살만 젊었더라면 좋았을 거라거나, 이렇게 섹시한 아내를 둔 에바의 남편이 얼마나 행운아인지에 대해 끊임없이 얘기했습니다. 에바는 이런 말들을 무시하려고 했지만, 이런 일은 점점 더 자주 일어났습니다. 지난 몇 달 동안 에바는 점점 우울해졌습니다. 성희롱에 어떻게 대처해야 할지 확신이 없었기에 생각할 시간이 필요했습니다. 에바는 우울증에 빠지지 않고 강하게 지내기 위해 자신을 더 잘 돌보고 싶었습니다. 이에 상사의 행동에 압도된 나머지 이전에는 즐겼음에도 지금은 하지 않는 활동들을 작성했습니다. 가장 가까운 친구들을 다시 만나기로 했고, 자신만의 시간을 가지면서 이전에 즐기던 예술과 공예 활동을 다시 시작하기로 했습니다.

당신은 어떤가요?

우울해진 이후로 이전에 즐겼던 활동 중 더는 하지 않는 활동은 무엇인가요? 그 활동 중에 어떤 활동이 당신의 기분을 향상시킬 수 있을까요? 이 작업을 돕기 위해 다음의 몇 가지 질문을 해 보겠습니다. 각 질문에 대한 답을 적어 보세요. 서로 다른 질문에 같은 답이 나올 수도 있습니다.

만약 다시 시도한다면, 어떤 활동이 당신의 삶에 가장 큰 변화를 가져올 것이라고 생각하나요?

____

어떤 활동을 다시 시작하고 싶은가요?

____

가장 그리운 활동은 무엇인가요?

____

친구나 소중한 가족들이 다시 시작해 보라고 권하는 활동은 무엇인가요?

____

답변을 살펴보고, 당신의 인생에 추가하고 싶은 활동 세 가지를 선택해 보세요.

1. ______________________________
2. ______________________________
3. ______________________________

방금 했던 연습을 잠시 떠올려 봅시다. 예전에 즐기던 활동 중 몇몇을 다시 시작할 생각을 하니 기분이 어땠나요? 그 활동들은 이미 효과가 있었던 활동과 같은 활동인가요, 아니면 다른 활동인가요? 당신의 생각을 적어 보세요.

즐거운 활동 찾기

우울한 상태에서는 즐거운 활동을 떠올리기가 어려울 수 있습니다. 그런 경우에는 다른 사람들이 일반적으로 즐거워하는 활동 목록을 살펴본 뒤 시도해 보고 싶은 활동을 찾아보는 것이 도움이 됩니다. 우리는 보통 평소에 해 본 적은 없지만 조금이라도 즐길 수 있을 것 같은 활동을 찾아보라고 내담자에게 권유합니다. 만약 내담자들이 이 작업에 어려움을 겪으면, 우울해지기 전에 즐겼던 활동을 목록에서 찾아보게 합니다.

사람들이 즐길 수 있는 활동은 그야말로 수천 가지가 있습니다. 사람마다 다르지만 꽂히는 것이라면 무엇이든 시도해 볼 만합니다. 즐거움을 줄 수 있는 여러 다른 유형의 활동을 간단하게 나열한 목록이 여기 있습니다. 이 목록을 보면서 당신의 흥미를 끄는 활동이 있는지 확인해 보세요.

- 다른 사람과 상호작용하는 활동(예: 카페에서 도움을 준 사람과 대화하기, 가족에게 문자 보내기, 친구와 외출하기 등)
- 신체와 관련된 활동(예: 짧은 산책, 온라인 요가 수강하기, 헬스장 가기 등)
- 야외에서 즐기는 활동(예: 공원 벤치에 앉아 꽃구경하기, 낚시, 자전거 타기, 축구 등)

- 동물과 함께 시간을 보내는 활동(예: 강아지와 산책하기, 고양이와 놀기, 공원에서 다양한 새 관찰하기 등)
- 예술적 창의성을 발휘하는 활동(예: 새로운 레시피로 요리하기, 집 꾸미기, 그림 그리기, 노래 부르기, 기타 연주하기 등)
- 신체적 즐거움을 경험하는 활동(예: 좋아하는 음식 즐기기, 목욕하기, 스파하기, 햇볕에 앉아 있기 등)
- 자신을 위해 무언가를 하는 활동(예: 음악 듣기, 좋아하는 책 읽기, 십자말풀이 등)

즐거운 활동 아이디어에 대한 훨씬 더 길고 자세한 예시 목록은 부록에서 확인하실 수 있습니다. 이 목록을 참고하시길 바랍니다. 사실 꽤 재미있을 수 있습니다. 어떤 활동은 정말 맘에 들 수 있고, 다른 활동은 그다지 마음에 안 들 수도 있습니다. 하지만 좋은 아이디어를 얻게 될 것입니다.

마야는 처음에는 즐거운 활동 목록을 보는 게 얼마나 유용할지 회의적인 생각이 들었지만, 일단 해 보기로 했습니다. 목록을 살펴보자마자, 두 가지가 바로 떠올랐습니다. 첫째, 대학에 다닐 때 스케치하며 시간을 보내는 것을 좋아했던 만큼 그림 그리기가 즐겁게 할 수 있는 활동이 될 수 있을지 궁금해졌습니다. 마야는 두 번째 활동을 이야기하면서 웃었습니다. 스파에 가 본 적은 한 번도 없었지만, 어쩐지 재미있을 것 같다는 생각이 들어 궁금해졌습니다.

당신은 어떤가요?

이제 즐거운 활동 목록을 살펴봤으니, 당신의 생활에 추가하고 싶은 활동 몇 가지를 선택해 보세요. 목록에서 즐길 수 있을 것 같거나, 우울해지기 이전에 재밌게 했던 활동을 두세 가지 골라 보세요. 약간의 즐거움만 있을 것 같은 활동도 괜찮습니다!

1. ______________________________

2. ____________________

3. ____________________

간단한 검토

지금까지 기분을 향상시키는 즐거운 행동을 알아내기 위한 세 가지 전략, 즉 이미 효과가 있는 활동을 기초로 하고, 예전에 즐겼던 것을 다시 해 보고, 활동 목록을 참고해 즐길 수 있는 활동에 관한 아이디어를 얻는 방법을 살펴봤습니다. 이러한 전략을 사용해 생활에 접목하고 싶은 활동을 두세 가지 찾아보세요. 그런 다음 그중에서 다음 주에 가장 해 보고 싶은 활동을 두세 가지로 좁혀 보세요.

1. ____________________
2. ____________________
3. ____________________

이 활동에 관해서는 잠시 후 다시 설명하겠습니다. 그전에 먼저 효과적인 계획 세우기를 해 보겠습니다.

효과적인 계획을 세우는 방법

이제 기분을 향상시키는 활동을 시도하기 위한 계획을 세울 차례입니다. 효과적인 행동활성화 계획의 다섯 가지 핵심 요소를 살펴볼 것입니다. 이 요소들은 정말 중요합니다. 계획을 세울 때 다섯 가지 요소를 더 많이 포함할수록 실행에 옮길 가능성이 커집니다.

나의 계획은 구체적인가요?

우리가 세우는 계획은 모호하거나 광범위한 희망 사항에 불과한 경우가 많습니다. 예를 들어, '이번 주에는 책상 정리를 하겠다', '언젠가는 다이어트를 하겠다', '곧 자동차 오일을 갈아 넣겠다' 등의 계획은 사실 계획이라기보다는 좋은 의도에 가깝습니다. 반면 효과적인 계획은 구체적입니다.

구체적인 계획은 다음의 다섯 가지 질문에 대한 답입니다.

- 무엇을 할 것인가?
- 누구와 함께 할 것인가?
- 언제 할 것인가?
- 어디서 할 것인가?
- 얼마나 오래 할 것인가?

예를 들어 보겠습니다. 마야는 아이들과 보드게임을 하고 싶었습니다. 이는 막연한 계획이었기 때문에 좀 더 구체적인 계획을 세우기로 했습니다. 아이들에게 게임(무엇)을 선택하게 한 뒤, 자녀(누구)와 함께 가족실(어디)에서 월요일과 목요일 저녁 식사 직후인 저녁 7시(언제)에 30분 동안(얼마나 오래) 게임을 하기로 했습니다. 이렇게 좀 더 구체적으로 계획을 세우자 실행하기가 좀 더 쉽게 느껴졌습니다.

나의 계획은 실행 가능한가요?

구체적인 계획을 세웠다면, 이제 그 계획이 실행 가능한지 살펴볼 차례입니다. 계획을 시작하는 데 필요한 모든 것이 준비되었는지 확실히 하고자 합니다. 니나의 한 내담자의 경우, 다시 달리기를 시작하고 싶었지만 운동화가 준비되어 있지 않아 옷장 구석에서 운동화를 찾아야만 했습니다. 실천하고자 선택한 활동이 현재 당신의 기분과 신체 상태를 고려할 때 현실적인지 점검해야 합니다. 우울할 때는 과거에 쉬웠던 활동 혹은 심지어 즐거웠던 활동조차 어려울 수 있습니다.

생활에 추가하고 싶은 각 활동을 실현 가능성 측면에서 평가해 보세요. '1'은 그 활동이 매우 쉽게 느껴지는 것을 의미하고, '10'은 그 활동이 매우 어렵게 느껴지거나 심지어 불가능하게 느껴지는 것을 의미합니다.

에드는 이번 주에 시도해 보고 싶은 몇 가지 활동을 나열해 보았습니다. 그는 예전의 삶을 되찾는다는 아이디어가 마음에 들긴 했지만, 한편으로는 희망이 없어 보이기도 했고 어디서부터 시작해야 할지 확신이 없었습니다.

에드는 먼저 이 활동들이 부상한 자신의 상태에서 가능한지, 그리고 이를 어떤 방식으로 수정해야 할지 살펴보았습니다. 그런 다음 각 활동을 실행 가능성 측면에서 평가했습니다. 활동을 수행하는 데 필요한 모든 것을 갖추었는지, 그리고 감정적으로 그것을 얼마나 해낼 수 있게 느껴지는지 고려했습니다. 에드의 활동과 평가는 다음과 같습니다.

활동	**이 활동은 얼마나 실행 가능한가?** 1(매우 쉬움)~10(매우 어려움)
아내와 산책하기	3
아내와 저녁 식사하러 외출하기	4
가족이나 친구를 초대해 바비큐 파티하기	5
오래된 하키 친구들을 만나기	8

에드는 자신이 평가한 내용을 훑어본 후, 아내와 함께 산책하기와 저녁 식사하러 외출하기부터 해 보기로 했습니다. 또 친구나 가족을 초대해 바비큐 파티를 하는 것도 가능할 것 같다고 생각했습니다. 반면, 과거의 하키 친구들을 만나는 것은 지금 당장에는 힘들 것 같았습니다. 이런 활동들이 얼마나 실현 가능한지 평가하면서 에드는 희망을 품게 되었고, 어디서부터 시작해야 할지 아이디어를 얻을 수 있었습니다.

당신이 자신을 위해 찾아낸 기분 향상 활동에 대해 잠시 생각해 봅시다. 그런 다음 아래에 그 활동들을 나열한 다음, 실현 가능성 정도를 평가해 보세요. 자신에게 물어보세요. '이 활동을 시작하기 위해 필요한 모든 것이 갖춰져 있는가?', '현재 내 상태에서 이 활동들을 하는 것이 현실적인가, 아니면 너무 높은 목표를 설정한 것인가?' 일단 작은 것부터 시작하는 것이 좋습니다.

활동	**이 활동은 얼마나 실행 가능한가?** 1(매우 쉬움)~10(매우 어려움)

활동이 실행 가능한지 스스로 질문해 보는 기분이 어땠나요? 어떻게 하면 이 활동을 더 실행 가능하게 만들 수 있을까요? 선택한 활동을 조금이라도 줄이면 도움이 될까요? 당신의 생각을 적어 보세요.

이제 계획을 적을 차례입니다. 그리고 자주 볼 수 있는 곳에 잘 보관해 두세요.

당신은 어떤가요?

당신이 선택한 기분 향상 활동이 구체적인지 확인해 보세요. 먼저, 이번 주 일상에 추가하고 싶은 기분 향상 활동을 두세 가지 적어 보세요. 그런 다음 '효과적인 계획 세우기' 워크시트를 작성해 보세요.

당신이 정한 기분 향상 활동이 구체적인가요? 그렇다면 좋습니다! 만약 구체적이지 않다면, 그 활동들을 어떻게 더 구체적으로 만들 수 있을지 생각해 보세요. '효과적인 계획 세우기' 워크시트를 작성한 후 활동의 실행 가능성에 대한 느낌이 달라졌나요?

효과적인 계획 세우기

무엇을 할 것인가?	누구와 함께 할 것인가?	언제 할 것인가?	어디에서 할 것인가?	얼마나 오래 할 것인가?	실현 가능한가?
1.					
2.					
3.					

이 활동들을 나의 루틴으로 만들 수 있을까요?

좋은 루틴을 만드는 것, 곧 규칙적으로 즐겁고 의미 있는 활동에 참여하는 일은 우울-저항적 삶의 토대가 됩니다. 즐거움으로 가득한 휴일을 만끽하는 것 같은 특별 활동은 케이크 위에 있는 장식에 불과합니다. 케이크가 푸석하고 맛이 없다면 아무리 장식이 멋있어도 먹고 싶지 않을 것입니다. 우울한 상태에서는 좋은 루틴을 유지하는 것이 훨씬 더 중요합니다. 특별한 디저트 먹기 같은 활동도 좋지만, 매일매일 기분을 향상시키는 활동을 하는 것이 우울증에서 벗어나 더 나은 삶을 만드는 데 도움이 됩니다.

앞서 찾아낸 활동들을 살펴보세요. 당신의 일상에 통합될 수 있는 활동인가요? 어떻게 하면 그것들을 규칙적인 루틴으로 만들 수 있을까요? 당신의 생각을 적어 보세요.

하루 중 가장 우울한 시간을 목표로 했나요?

하루 중 기분이 가장 가라앉을 때가 있습니다. 자신의 '일일 활동' 워크시트를 보면서, 하루 중 가장 우울한 시간을 확인해 보세요. 기분 향상 활동을 계획할 때 이 시간대를 목표로 삼고 있는지 확인하는 것이 중요합니다.

니나의 또 다른 내담자 중 한 명인 테일러의 경우를 살펴보겠습니다. 테일러는 아침마다 한 시간가량 침대에 누운 채로 자기 삶이 얼마나 힘든지 생각하곤 했습니다. 그러다 보니 기분이 점점 더 나빠지고, 일어날 때쯤에는 아무것도 하고 싶지 않은 생각만 들었습니다. 니나와 테일러는 오전 8시 30분에 알람을 설정하고, 알람이 울리면 바로 침대에서 일어나기로 계획을 세웠습니다. 기분이 내키지 않더라도 말입니다. 테일러는 음악을 틀어 놓고 좋아하는 잼을 바른 토스트와 차를 마시며 아침을 시작했습니다. 알람이 울리면 '토스트와 잼이 기다리고 있다'라고 자신에겐 말하곤 했습니다. 테일러는 비록 토스트와 잼일지라도 아침에 즐거운 무언가를 기대하는 것이 도움이 된다는 사실을 알게 되었습니다.

테일러의 계획은 실행 가능하고, 구체적이며, 쉽게 일상의 일부가 될 수 있는 것이었습니다. 또 그 계획은 하루 중 테일러의 기분이 가장 저조한 바로 그 시간을 목표로 삼고 있었습니다.

당신의 하루 중 기분이 가장 저조한 시간은 언제인가요?

하루 중 그 시간에 기대할 수 있는 한 가지 활동은 어떤 것이 있을까요?

장애물에 대한 대책을 세웠나요?

효과적인 계획을 세우려면 행동활성화 계획에 방해가 되는 장애물을 찾아내는 것이 중요합니다. 모든 장애물을 파악하기는 어렵겠지만, 가능한 한 많은 장애물을 미리 파악하는 것이 도움이 됩니다. 이를 위한 한 가지 방법은 눈을 감고 기분을 좋게 하는 활동을 하는 자신을 상상하는 것입니다. 활동의 모든 단계를 가능한 한 생생하게 시각화해 보세요. 그런 다음 계획에 방해가 될 만한 요인들을 기록해 보세요. 장애물을 파악하는 데 도움이 되는 몇 가지 질문은 다음과 같습니다.

- 활동이 너무 어렵거나 복잡하지 않은가? 활동을 간소화할 필요가 있는가?
- 이 활동을 방해할 수 있는 현실적인 장애물이 있는가?
- 행동활성화 계획을 잊어버리지 않겠는가?
- 행동활성화 계획을 따르기보다는 아무것도 하고 싶지 않다는 우울한 감정에 머무르지는 않겠는가?

'나의 장애물' 워크시트를 활용해 계획한 기분 향상 활동에 따를 수 있는 장애물을 가능한 한 많이 기록하세요. 그런 다음, 각 장애물 옆에 그 문제를 해결하거나 피할 방법을 적어 보세요.

나의 장애물	
활동:	
장애물	**가능한 해결 방법**

상상 훈련

기분 향상 활동을 하기 전에 그 활동을 미리 상상해 보는 것이 도움이 될 수 있습니다. 이 전략을 '상상 훈련'이라고 하는데, 엘리트 운동선수들은 기술을 연습하고 성과를 향상시키기 위해 이 방법을 일상적으로 사용합니다(Blankert and Hamstra 2016). 이 방법은 당신에게도 효과가 있을 것입니다.

먼저, 기분을 좋게 할 수 있는 활동을 하나 선택합니다. 준비되면 눈을 감고 깊게 호흡해 보세요. 이제 선택한 활동을 시작하는 첫 번째 단계를 상상해 보세요. 가능한 한 생생하고 자세하게 그려 보세요. 실제로 그 활동을 하고 있는 자신의 모습을 한 단계씩 떠올려 보세요. 그리고 그 활동을 즐기고 있는 자신의 모습을 이미지로 그려 보세요.

이 과정을 세 번 반복하세요.

상상 훈련은 어땠나요? 상상 훈련을 하면서 그 활동에 대한 경험이 달라졌나요? 당신이 관찰한 내용을 적어 보세요.

연구에 따르면 어떤 활동을 머릿속으로 리허설할 때 그 활동을 성공적으로 수행할 확률이 증가합니다(Hays 2012). 이 워크북에서 다루는 다양한 기분 향상 활동을 시도하면서, 상상 훈련을 습관으로 만들어 보세요.

과감히 도전하기!

지금까지 기분을 좋게 만드는 활동을 위한 구체적인 계획을 세웠습니다. 이제 그 계획을 실행에 옮길 시간입니다. 과감히 도전하고, 그 결과가 어떻게 되는지 확인해 보세요.

행동활성화 계획이 얼마나 잘 작동하는지 평가하는 한 가지 방법은 선택한 활동에 참여하기 전과 후의 기분을 평가하는 것입니다. '나의 기분 평가하기' 워크시트를 활용하면 좀 더 쉽게 평가할 수 있습니다. 행동활성화 계획을 실행할 때마다 이 워크시트를 사용하는 습관을 들여 보세요. 이 워크북의 나머지 부분에서도 자주 사용하게 되는 만큼, 여러 장 복사해 두는 것도 좋습니다. 책을 읽다 보면 평가하고 싶은 활동이 더 줄거나 많아질 수도 있으므로, 세 가지 활동을 위한 지면을 남겨 두었습니다.

나의 기분 평가하기			
활동	활동 날짜	활동 전 기분 1(매우 우울)~ 10(매우 행복)	활동 후 기분 1(매우 우울)~ 10(매우 행복)

다음 단계는 무엇인가요?

이 장에서는 당신이 개인적으로 즐길 수 있는 기분 향상 활동 목록을 만들기 시작했습니다. 그중 한두 가지를 다음 주에 실천할 수 있도록 효과적인 계획도 세웠습니다. [그림 3.1]에는 기분 향상 활동을 파악하는 데 사용한 전략이 요약되어 있습니다.

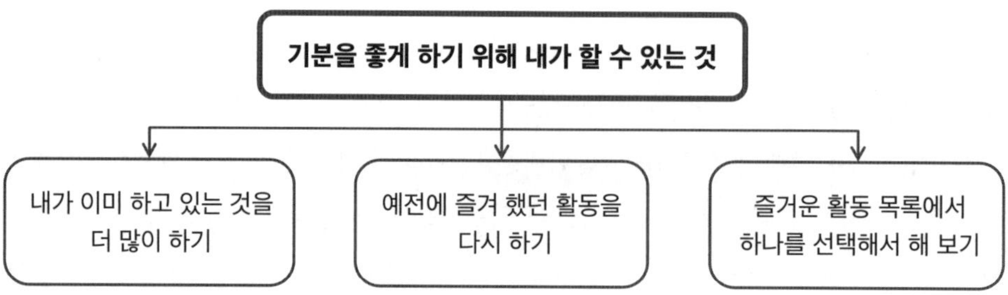

[그림 3.1] 기분을 향상시키는 즐거운 활동들

이 장을 읽으면서 가장 인상 깊었던 부분은 무엇인지 잠시 생각해 보세요. 어떤 부분을 당신의 삶에 적용할 수 있을까요?

다음 주에 어떤 단계를 계획해 볼 수 있을까요?

행동활성화 계획이 성공하도록 무엇을 할 수 있을까요?

다음 장에서는 우울-저항적 삶의 두 가지 구성 요소인 신체 운동과 사회적 연결에 관한 연구 결과를 살펴볼 것입니다. 이 두 가지 중요한 활동을 행동활성화 계획에 어떻게 통합할 수 있는지 알아보겠습니다.

4장
신체 활동 하기와 사회적 연결 맺기

신체 활동과 사회적 연결은 기분을 향상시키고, 부정적으로 편향된 우울한 뇌를 바로잡는 데 가장 효과적인 활동입니다. 하지만 우울증의 특성상, 신체 활동 하기나 사회적 관계 맺기는 기분이 저조할 때 가장 놓치기 쉬운 활동이기도 합니다. 이제 이 활동들을 단계적으로 생활에 추가해 어떻게 기분을 개선할 수 있을지 살펴봅시다.

규칙적인 신체 활동에 참여하기

연구 결과는 명확합니다. 신체 운동은 정신 건강에 좋습니다(Chekroud et al. 2018). 규칙적으로 신체 운동을 하는 사람은 우울증에 걸릴 확률이 낮습니다(Pearce et al. 2022). 이미 당신이 우울한 상태라면, 신체 운동이 그 우울을 치료하는 데 효과적인 방법이 될 수 있습니다. 연구 결과, 우울증 환자에게 치료를 위해 신체 운동을 처방하면 항우울제 치료를 하는 환자만큼 증상이 호전되는 것으로 나타났습니다(Josefsson, Lindwall, and Archer 2014). 느리게 걷는 것보다 빠르게 걷는 것이 기분에 더 도움이 된다는 증거들이 있지만, 어떤 형태의 운동이라도 좋습니다. 운동을 꾸준히 계속하는 사람은 다시 우울증에 다시 빠질 가능성이 낮습니다(Blumenthal et al. 2007; Chekroud et al. 2018).

거의 모든 종류의 신체 활동이 기분을 개선하는 효과가 있습니다. 꼭 격렬한 운동일 필요는 없습니다. 간단한 생각 실험을 해 봅시다. 기분이 우울하거나 스트레스를 받은 날, 산책이나 운동을 했던 경험이 있다면 떠올려 보세요. 그때 무엇을 했는지 적어 보세요.

다음 질문에 대해 생각해 보고, 자신의 생각을 적어 보세요.

산책이나 운동 후, 기분에 어떤 변화가 있었나요?

그 외에 느낀 좋은 점이 있다면 적어 보세요.

이 생각 실험을 통해 무엇을 알게 되었나요?

신체 활동은 어떻게 기분을 향상시키나요?

규칙적인 신체 활동은 뇌의 화학 작용에 직접적인 영향을 미치며, 이로 인해 기분에 변화가 생깁니다. 운동을 하면 뇌에서 신경전달물질인 세로토닌과 도파민이 증가하고(Lin and Kuo 2013), 스트레스 및 기분 저하와 관련된 호르몬인 코르티솔 수치가 감소하며(Beserra et al. 2018), 새로운 뇌 조직의 성장과 발달을 담당하는 신경 화학 물질의 수치가 증가합니다(Miranda et al. 2019; Basso and Suzuki 2017). 비록 정확한 변화 메커니즘이 완벽하게 밝혀지지는 않았지만, 규칙적인 운동이 기분에 긍정적인 영향을 미치는 방식으로 뇌를 변화시킨다는 사실은 확실히 밝혀져 있습니다.

운동은 심리적인 측면에도 영향을 미칩니다. 수면의 질을 개선하고, 자신에 관한 인식에도 긍정적인 영향을 줍니다. 더 많이 움직이고 몸 상태가 좋아지면 자신감도 증가합니다. 많은 사람에게 운동은 실질적인 성취감을 제공합니다.

한 가지 더 언급하자면, 자연과 더불어 야외에서 하는 신체 활동이 실내에서 하는 활동보다 기분을 더 크게 향상시킨다는 연구 결과가 많습니다(Barton and Pretty 2010). 그렇습니다. 니나는 다소 어두운 실내 체육관에 있는 러닝머신 위를 걸을 때보다 밖에서 걸을 때 훨씬 더 행복하게 느낍니다. 그에 더해 친구와 함께 카푸치노 한 잔을 마시는 여유를 가진다면 더 기분이 좋아지겠죠!

생활 속에 신체 활동을 통합하는 방법

이렇게 많은 혜택이 있다면 모두가 기꺼이 걷고, 달리고, 근력 운동을 하며, 가능한 모든 방법을 동원해 움직일 것이라고 생각할 수 있습니다. 그러나 현실은 그렇지 않습니다. 실제로 우리 중 약 4분의 1만이 규칙적으로 운동을 합니다(Abildso et al. 2023). 게다가 피곤하거나 에너지와 의욕이 저하된 우울한 상태에서는 움직이려는 생각이 더 버겁게 느껴집니다.

그렇다면 어떻게 시작할 수 있을까요? 앞서 3장에서 설명했던 접근 방식을 따를 것입니다. 먼저, 자신에게 맞는 기분을 향상시키는 신체 활동을 선택하고, 그런 다음 그것을 생활에 적용하기 위한 구체적인 계획을 세우는 방법을 알려드리겠습니다.

첫 번째 단계는 활동을 선택하는 것입니다. 여기서는 당신에게 맞는 신체 활동을 찾는 세 가지 전략을 제안할 것입니다.

첫 번째, 이미 하고 있는 활동을 조금 더 늘리거나, 예전에 하던 활동을 다시 시작해 보세요. 신체 활동을 조금이라도 늘리는 것은 큰 성과며, 기분을 향상시키는 데 도움이 됩니다. 먼저 현재 하고 있는 활동을 파악한 다음 그것을 조금씩 늘려 보세요. 예전에는 즐겼지만 지금은 하지 않는 신체 활동을 다시 시도해 보는 것도 도움이 됩니다.

정말 간단한 것부터 시작해 보세요. 예를 들어, 주 2~3회 5분 걷기를 시도해 볼 수 있습니다. 이미 걷기를 하고 있다면 조금 더 오래, 약간 더 빠르게 걸어 보세요. 아침에 스트레칭을 하거나 이미 스트레칭을 하고 있다면, 요가 수업에 참여하거나 친구와 함께 헬스장에서 운동하는 것도 좋습니다. 아무것도 하지 않는 것보다는 *무엇이든* 하는 것이 낫습니다.

현재 하고 있는 신체 활동 중 조금이라도 늘릴 수 있는 활동은 무엇인가요?

과거에 즐겼던 활동 중 다시 시작할 수 있는 것이 있나요?

두 번째, 당신이 즐기는 일로 신체 활동을 해 보세요. 좋아하는 신체 활동을 생각해 보세요. 동네 한 바퀴를 걷는 간단한 활동일 수도 있고, 친구와 함께 조금 더 활기차게 걷는 것일 수도 있습니다. 어떤 사람들은 수영을 좋아하거나, 축구, 테니스, 골프, 야구 같은 게임이나 스포츠에 참여하는 것을 좋아하기도 합니다. 무엇이든 좋습니다. 니나의 한 내담자는 춤을 좋아해서 거실에서 뮤직 비디오에 맞춰 춤을 추기로 했습니다. 그 결과 매우 즐거운 시간을 보낼 수 있었습니다. 작은 변화라도 좋습니다!

당신이 즐기는 신체 활동 중 하나를 추가할 수 있다면 무엇인가요?

세 번째, 일상생활에 신체 활동을 넣으세요. 일상생활에 약간의 활동을 추가하는 것만으로도 기분 향상 효과를 얻을 수 있습니다. 예를 들어, 자동차로 출근하는 대신 걷거나 자전거를 타는 것은 어떨까요? 평소보다 먼 곳에 주차하고 조금 더 걸어 보는 건 어떨까요? TV를 보면서 스트레칭을 하거나, 점심시간에 산책할 수도 있습니다. 집안일도 신체 활동을 늘리는 좋은 방법이 될 수 있습니다. 청소기를 돌릴 때 구부리고, 들어 올리고, 밀면서 활동할 수 있습니다. 일상에서 더 많은 신체 활동을 자연스럽게 통합하는 방법을 더 많이 떠올릴 수 있을 것입니다.

신체 활동을 더 즐겁게 만들 방법을 생각해 보세요. 신체적 노력이 필요한 일상 활동에서 어떻게 즐거움을 느낄 수 있을까요? 니나는 지하철에서 15분 거리에 살고 있는데, 좋아하는 팟캐스트를 들으며 걷자 지루했던 걷기가 즐거운 활동으로 바뀌었습니다. 니나의 친구는 청소기를 돌릴 때 좋아하는 음악을 듣습니다. 스티븐의 한 내담자는 정원에서 일하는 동안 다른 도시에 사는 친한 친구와 통화하기도 합니다.

어떻게 하면 일상생활을 더 활기차게 만들 수 있을까요? 작은 변화들을 생각해 보세요. 이 작은 변화들이 모여 큰 효과를 낼 수 있습니다.

어차피 해야 하는 신체 활동이나 집안일을 어떻게 하면 더 즐겁게 할 수 있을까요?

활동 계획 세우기

신체 활동을 늘리기 위해 취할 수 있는 몇 가지 단계를 파악했으니, 계획을 세우고 실천에 옮겨야 할 순서입니다. 계획의 첫 번째 단계를 확인해 봅시다. 이 단계는 구체적이고 실행 가능하며, 일상의 일부로 통합될 수 있어야 합니다. 마지막으로, 계획을 실행하는 중 만날 수 있는 장애물을 파악하고 해결 방법을 찾아야 합니다.

아래에는 이 같은 활동을 일상생활에 통합하는 데 사용할 수 있는 '활동 계획' 워크시트가 있습니다. 예시로 에드의 행동 계획 항목을 제시했습니다.

계획을 세우고 적어 본 느낌이 어떤지 잠시 생각해 보세요. 하루 중 가장 힘든 시간에는 어떤 활동을 목표로 하고 있나요?

운동량을 모니터링하는 것도 도움이 됩니다. 스마트 워치와 피트니스 트래커 같은 기기가 당신의 활동 수준이 어떤지 피드백해 줄 수 있습니다. 그런 다음 이 피드백을 바탕으로 활동량을 서서히 늘릴 수 있습니다. 스마트 기기는 신체 활동을 유지할 수 있도록 친절하게 알람을 제공해 주기도 합니다. 예를 들면, 일상에서 운동을 많이 하는 것처럼 느껴지지만, 실제로는 본인이 생각하는 것보다 훨씬 적게 운동하고 있다는 것을 알게 될 수 있습니다. '일일 활동' 워크시트나 다른 모니터링 시스템을 통해서도 신체 활동을 추적해 볼 수 있습니다.

활동 계획: 신체 활동				
내가 할 일	**내 계획은**	**첫 번째 단계**	**내가 마주칠 장애물**	**장애물 대처 방법**
화요일과 목요일 오전 8시에 알렉스를 어린이집에 데려다주고, 걸어서 집으로 돌아오기	☑ 구체적인가? ☑ 실행 가능한가? ☑ 일상생활에 통합되는가?	아내에게 알렉스가 어린이집에 갈 때 가져갈 것이 무엇인지 확인한 후 가방 챙기기	아침에 일어나지 못할 수 있음	알렉스와 아내에게 어린이집에 데려다주겠다고 약속했음을 기억하기 위해 알람 맞추기
	☐ 구체적인가? ☐ 실행 가능한가? ☐ 일상생활에 통합되는가?			
	☐ 구체적인가? ☐ 실행 가능한가? ☐ 일상생활에 통합되는가?			
	☐ 구체적인가? ☐ 실행 가능한가? ☐ 일상생활에 통합되는가?			

사회적 연결 구축하기

인간은 사회적 존재입니다. 수많은 연구 결과에 따르면 우리의 행복과 웰빙은 사회적 연결과 밀접한 연관이 있습니다(Diener and Seligman 2002). 하버드의 한 연구에서는 1938년부터 청소년 724명을 추적 관찰했습니다. 그 결과, 긍정적인 사회적 관계를 유지하는 것이 건강과 행복의 가장 강력한 예측 요인임을 발견했습니다(Waldinger and Schulz 2023). 반면, 외로움은 우울증과 밀접한 관련이 있습니다(Cacioppo et al. 2006). 사람마다 필요한 관계의 범주와 유형은 다르지만, 누구에게나 어느 정도의 사회적 연결이 필요하다는 것은 동일합니다.

1장에서 살펴본 것처럼 우울해지면 다른 사람들로부터 거리를 두고 싶어집니다. 하지만 시간이 지남에 따라 외로워지고 더 우울해집니다. 다른 사람들과 연결되는 것은 외로움과 우울증을 이겨 내는 강력한 기분 전환의 전략입니다. 따라서 우리는 다른 사람들과 관계를 맺는 활동을 행복하고 충만하며 우울-저항적 삶을 만드는 세 번째 구성 요소로 봅니다.

다른 사람들과 연결하는 방법

우울한 기분이 들 때는 다른 사람들과 상호작용하는 것이 버겁게 느껴질 수 있습니다. '사람들이 나를 싫어할 거야,' '기분이 더 나빠질 거야,' '할 말이 없을 거야,' '기운이 없어, 힘들어' 등 사회적 상호작용을 피해야 할 온갖 이유가 머릿속에 떠오를 것입니다. 어떻게 시작해야 할지 막막할 수 있습니다.

아래에 사회적 상호작용을 늘리고, 기분을 향상시키는 몇 가지 단계를 제시했습니다. 각각의 방법을 살펴보면서 이 방법들을 당신에게 어떻게 적용할 수 있을지 살펴보세요.

이미 만나고 있는 사람들을 더 자주 만나기

기분을 좋게 해 주는 사람들과의 관계를 확장하고 싶을 때가 있습니다. 그런 경우, 이미 당신의 삶에 있는 사람들을 생각해 보세요. 친구, 이웃, 동료 또는 마트에서 가끔 만나는 사람이 있나요? 주변에 당신과 같은 문제를 겪고 있는 사람이 있나요? 그들과 더 자주 대화하는 것이 도움이 될까요? 어린아이를 둔 또 다른 부모, 새로운 직장 동료, 또는 새로 이사 온 이웃일 수도 있습니다. 연결될 수 있는 사람들을 떠올려 보세요. 그들의 이름을 적어 보세요.

그 사람들을 더 자주, 그리고 오랫동안 볼 수 있을까요? 니나는 이 책의 원고를 작성하던 중 카푸치노를 마시러 갔습니다. 바리스타가 TV에서 본 스포츠 경기에 관해 이야기하기 시작해서 함께 몇 분 동안 이야기를 나누었고, 이후 니나는 웃으며 자리를 떠났습니다.

연락하기

한동안 만나지 못했던 사람, 다시 만나면 좋을 것 같은 사람은 누구인가요? 오랜 친구나 지인, 가족, 직장 동료 또는 이웃일 수도 있습니다. 잘 모르지만 나와 공통점이 있는 사람은 어떨까요? 연락해 볼 수 있는 사람은 누구인가요? 그들의 이름을 적어 보세요.

아주 간단한 것부터 시작해 보세요. 예를 들어, 그냥 안부를 묻는 짧은 문자 메시지나 이메일을 보내는 것은 어떨까요? 방금 떠올린 사람에게 어떻게 연락할 수 있을까요? 아래에 아이디어를 적어 보세요.

한동안 연락이 끊겼던 사람이라도, 사람들이 당신의 소식에 기뻐하는 모습을 보고 놀랄지도 모릅니다!

만나기, 가입하기

새로운 사람을 만나고 싶다면, 당신이 만나고 싶은 사람과 마주치는 경우가 있는지 생각해 보세요. 예를 들어, 매일 전철이나 버스에서 마주치는 사람 혹은 학교나 직장에서 마주치는 사람일 수도 있습니다. '안녕하세요!'라고 인사를 건네며 천천히 시작해 보는 어떨까요?

스포츠 클럽, 수업, 학부모 모임, 독서 모임, 종교 모임, 혹은 관심사에 맞는 단체를 찾아보고 가입하는 것도 좋습니다. 많은 커뮤니티 센터 중에는 특정한 어려움에 직면했을 때 도움을 주는 지원 그룹을 운영하는 곳도 있습니다. 사람들을 직접 만나는 것이 부담스럽다면 온라인 커뮤니티에 가입하는 것도 고민해 보세요. 온라인에서 다른 사람들과 상호작용하는 것도 서로에게 힘이 되고 보람 있는 경험이 될 수 있습니다. 대면 모임이 가장 이상적이지만, 온라인에서 만나는 것도 좋은 시작 방법입니다.

'더 잘 알고 지내고 싶은 사람이 있는가?'라고 스스로 질문해 보세요. 그 사람의 이름을 적으세요.

'내가 가입할 수 있는, 비슷한 관심사나 경험을 가진 사람들이 모인 조직이 있는가?' 라고 스스로 질문해 보세요. 그 조직의 이름을 적으세요.

그 사람들과 연결되거나 이 모임에 가입하기 위해서는 구체적으로 어떤 절차를 거쳐야 할까요?

도움 주기

다른 사람을 돕는 일도 기분을 향상시키는 방법이 됩니다. 도움의 손길이 필요한 친구, 이웃 또는 가족이 있을 수 있습니다. 자원봉사는 당신의 가치관과 관심사를 공유할 수 있는 사람들과 소통하는 좋은 방법입니다. 지역 병원, 동물 보호소, 종교 단체 및 기타 지역사회 기관 웹사이트에는 수시로 자원봉사자 모집 공고를 게시하고 있습니다. 때로는 이런 곳에서 시작하는 것도 좋습니다. 스스로 질문해 보세요. '주변에 내가 도울 수 있는 사람이 있는가? 혹은 자원봉사가 필요한 조직이 있는가?' 그 사람이나 단체의 이름을 적어 보세요.

친절하게 대하기

스티븐의 아내는 한 가지 실험을 했습니다. 가는 곳마다 사람들에게 미소를 지어 본 것입니다. 그 결과 미소를 지으니 자신의 기분이 밝아졌을 뿐 아니라, 사람들도 친절하게 반응했습니다. 미소를 지으며 '안녕하세요!'라고 인사하는 것이 기분을 좋게 한다는 연구 결과도 있습니다. 심지어 계산대의 도우미처럼 잘 모르는 사람일지라도 말입니다(Vrugt and Vet 2009). 집에 혼자 있다면 밖으로 나가 미소를 지으며 사람들에게 인사하는 것이 좋은 첫걸음일 수 있습니다.

이번 주에 조금 더 친절하게 행동할 수 있는 방법은 무엇일까요? 당신이 미소를 지을 수 있는 사람은 누구인가요? 떠오르는 생각을 적어 보세요.

마야는 첫 번째 전략, 즉 이미 알고 있는 사람들과 접촉을 늘리는 방법을 좋아했습니다. 지난주에 그녀는 동료인 라바와 점심시간에 함께 산책했는데, 라바 역시 즐거워하는 것을 보고 놀랐습니다. 마야는 라바가 자신과 정기적으로 함께 산책할 의향이 있는지 궁금했습니다. 마야는 또 외출할 때 사람들에게 더 자주 미소를 지어 보자는 아이디어도 마음에 들었습니다.

당신은 어떤가요?

당신의 삶에 즐거운 사회적 상호작용을 더하기 위해 생각해 낸 모든 아이디어를 살펴보세요. 그중 이번 주에 시도하고 싶은 것 한두 가지를 정해 보세요. 그런 다음, 일상에 포함시킬 구체적이고 실행 가능한 계획을 세워 보세요. 기억하세요. 우리는 계획을 실천에 옮길 첫 번째 단계를 파악하고, 그 첫 번째 단계를 위한 계획을 세워 볼 것입니다. 또 장애물이 있을 수 있으니, 그에 대한 해결책도 함께 생각해 보세요. '활동계획: 사회적 연결' 워크시트를 작성해 봅시다. 마야의 계획을 참고하세요.

활동 계획: 사회적 연결				
내가 할 일	내 계획은	첫 번째 단계	내가 마주칠 장애물	장애물 대처 방법
매일 점심시간에 30분 동안 라바와 함께 산책하기	☑ 구체적인가? ☑ 실행 가능한가? ☑ 일상생활에 통합되는가?	오늘 밤 아이들이 잠든 후 라바에게 문자 보내기	불안해할지 모름	그냥 하라고 스스로 말하며, 계획이 있다고 말함
화요일에 장볼 때, 식료품점 계산원부터 시작해 더 많은 사람에게 미소 짓기	☑ 구체적인가? ☑ 실행 가능한가? ☑ 일상생활에 통합되는가?	식료품점에 가기	바보 같은 느낌	상상 리허설을 통해 상상 속에서 연습하기
	☐ 구체적인가? ☐ 실행 가능한가? ☐ 일상생활에 통합되는가?			
	☐ 구체적인가? ☐ 실행 가능한가? ☐ 일상생활에 통합되는가?			

처음에 성공하지 못하더라도

신체 운동과 더 많은 사회적 활동을 일상에 포함시키는 일이 어려울 수 있습니다. 특히 우울한 기분이 들 때는 더 그렇습니다. 따라서 처음에 성공하지 못하더라도, 자신에게 친절하고 자비롭게 대하세요. 어려운 일이라는 것을 인정하세요. 상상 연습으로 자신이 성공하는 모습을 시각화하는 것이 도움이 될 수 있습니다. 또한 3장 마지막에 있는 '나의 장애물' 워크시트를 다시 살펴보는 것도 도움이 됩니다. 이 워크시트를 사용해 이전에 예상하지 못했던 장애물을 파악하고 이에 대한 계획을 세우세요. 포기하지 마세요. 몇 차례 시도해 봐야 할 수도 있습니다. 신체 활동과 몇 가지 좀 더 많은 사회적 연결을 이루어 내기 시작하면, 기분이 진짜 달라질 것입니다.

다음 단계는 무엇인가요?

우리는 당신이 우울증을 극복하고 기분을 개선하는 데 도움이 되는 확실한 행동활성화 계획을 만들어 가고 있습니다. 3장에서는 기분을 좋게 하는 즐거운 활동(즉, 즐거운 기분 향상 활동)을, 이번 장에서는 신체 운동과 사회적 연결의 총 세 가지 기본 활동을 살펴보았습니다. [그림 4.1]은 지금까지 다룬 내용을 요약한 것입니다.

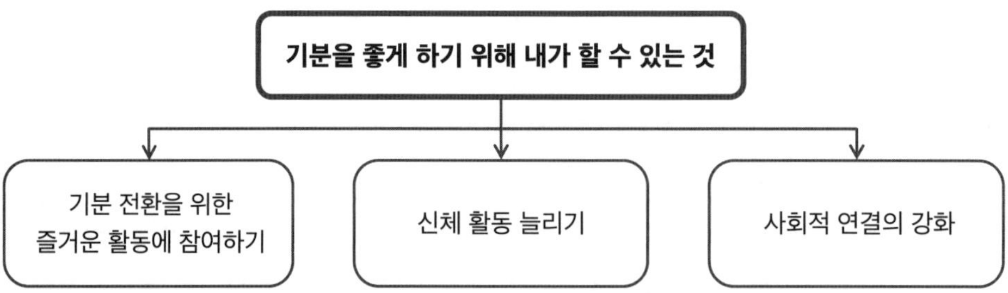

[그림 4.1] 기분을 향상시키는 효과적인 행동: 신체 활동과 사회적 연결

이 장에서 배운 가장 중요한 점은 무엇인가요?

배운 내용을 일상생활에 어떻게 적용할 계획인가요?

다음 장에서는 행동활성화 계획의 효과를 극대화할 수 있도록, 당신의 가치와 일치하는 활동을 파악하는 방법을 살펴볼 것입니다. 이제 좀 더 개인적인 이야기를 시작해 봅시다!

5장
나의 가치 기억하기 — 그것은 중요하다!

기분을 좋게 하는 활동들(즐거운 활동, 신체 운동, 사회적 연결 등)을 일상에 추가하는 것은 우울증을 극복하고 기분을 나아지게 만드는 중요한 단계입니다. 하지만 그것이 전부는 아닙니다. 진정으로 좋은 삶을 살기 위해서는 의미와 목적의식이 있는 활동, 즉 고유의 개인적 가치를 반영하는 활동을 포함해야 합니다. 연구에 따르면, 행동활성화에서 가치와 일치하는 활동을 포함할 때 우울증을 극복하는 데 훨씬 더 효과적입니다(Kanter et al. 2010). 그런 점에서 우울증을 견디는 삶을 위한 네 번째 구성 요소는 가치 기반 활동입니다.

가치란 무엇인가요?

간단히 말해, 가치란 우리 삶에서 가장 중요하다고 생각하는 모든 것이 다 해당합니다. 우리가 누구인지 또는 어떻게 되고 싶은지와 관련된 개인적 특성이나 속성(정직, 호기심, 모험심, 관대함, 공정성 등)이 될 수도 있고, 소중히 여기고 추구하며 좋은 삶과 만족스러운 삶의 중요한 요소로 여기는 이상(가족, 우정, 신체 건강, 자유, 부, 영성 등)을 반영할 수도 있습니다.

가치는 우리 삶에서 중요한 역할을 합니다. 이는 우리가 결정을 내리는 데 도움을 주고, 우리의 행동을 이끕니다. 가치와 상반되는 방식으로 행동하면 불편한 불일치감, 불쾌감, 불만족을 경험합니다. 반대로 우리의 행동이 가치와 일치하면 삶이 더 의미 있게 느껴지고, 기분이 향상되며, 목적의식도 증가하는 효과를 경험하게 됩니다.

자신의 가치 식별하기

가치 기반 활동을 삶에 통합하는 첫 번째 단계는 자신의 가치를 명확하게 파악하는 것입니다. 우리의 가치는 깊이 뿌리내리고 있기 때문에 이를 즉시 식별하는 것은 쉬운 일이 아닙니다. 만약 '당신의 가치는 무엇인가요?'라는 질문에 당황하거나 답을 하지 못하더라도 놀랄 일은 아닙니다. 우울할 때는 더더욱 가치를 즉각적으로 설명하기 어렵습니다. 우리는 종종 무언가를 그다지 중요하거나 의미 있다고 느끼지 못하는 경우가 많습니다.

가치 목록 살펴보기

자신의 가치를 식별하는 한 가지 방법은 일반적으로 사람들이 중요하게 여기는 가치 목록을 살펴보고, 그중에서 자신이 가장 중요하다고 여기는 10가지 정도를 선택하는 것입니다. 잠시 시간을 내어 다음에 나열한 가치를 읽어 보세요. 이 목록은 완벽한 것은 아니며, 실제로는 수천 가지가 넘는 가치가 존재합니다. 당신만의 가치를 목록에 추가해 보세요.

자신에게 가장 중요한 가치 10개에 표시해 보세요. 이제 가치를 더 명확하고 구체적으로 파악할 수 있도록 몇 가지 개인적인 질문을 드릴 것입니다.

<표 5.1> 가치 목록

각각의 가치가 자신에게 얼마나 중요한지, 5점 척도로 평가해 보세요.
* 1(별로 중요하지 않음)~5(매우 중요함)

성취
- 성장
- 지위
- 성공
- 부

지식
- 지능
- 학습
- 지혜

좋은 감정
- 연민
- 만족감
- 감사
- 행복
- 친절함
- 사랑

질서
- 확신
- 순응
- 통제
- 시간 준수
- 안전

개인적 강점
- 야망
- 단호함
- 자신감
- 용기
- 헌신
- 규율
- 자립심
- 강인함

즐거움
- 재미
- 흥분감
- 유머
- 장난기
- 자발성
- 놀라움

창의성
- 모험
- 호기심
- 탐험
- 상상력
- 독창성

사회적 연결
- 협력
- 평등
- 가족
- 용서
- 우정
- 친절
- 관대함
- 충성심
- 이타심
- 봉사
- 관용

영성
- 아름다움
- 헌신
- 믿음
- 용서
- 겸손
- 의미
- 평온함
- 단순함

건강
- 에너지
- 체력
- 정신 건강

독립성
- 자유
- 개성

유능함
- 효율성
- 노력
- 리더십
- 전문성

진실성
- 진정성
- 신뢰성
- 공정성
- 정직
- 평판
- 책임감
- 자존감
- 성실함
- 신뢰성

기타 가치

가장 행복했던 경험은 무엇인가요?

인생에서 가장 행복했던 순간을 되돌아보는 것은 우리의 가치를 파악하는 데 유용한 통찰력을 제공합니다. 특히 왜 그런 경험이 우리를 그렇게 행복하게 만들었는지 되새길 때 더욱더 그렇습니다. 예를 들어, 스티븐이 에드에게 가장 행복했던 경험에 관해 물었을 때 에드는 아내에게 청혼했던 날(그리고 아내가 승낙했던 날!)을 떠올렸습니다. 에드는 자신이 가장 중요하다고 표시한 가치 목록을 살펴보고, 그날 자신이 느낀 행복과 관련이 있다고 생각되는 가치를 선택했습니다. 그가 고른 것은 '가족'과 '사랑'이었습니다.

당신도 가장 행복했던 순간과 관련된 가치를 찾아보세요. 먼저 인생에서 가장 행복했던 순간 세 가지를 나열한 다음, 그 순간에 왜 그렇게 행복했는지 떠올려 보세요. 그 후 가치 목록을 다시 살펴보고, 이러한 경험들과 관련해 당신이 생각하는 행복에 이바지했다고 생각되는 가치를 적어 보세요.

행복한 경험

그 경험과 관련된 가치는 무엇인가요?

행복한 경험

그 경험과 관련된 가치는 무엇인가요?

행복한 경험

그 경험과 관련된 가치는 무엇인가요?

매우 우울할 때는 인생에서 행복했던 경험을 떠올리기 어려울 수 있습니다. 그렇더라도 걱정하지 마세요. 당신의 가치를 파악할 수 있는 몇 가지 다른 방법이 있습니다.

가장 존경하는 사람은 누구인가요?

우리는 내면 깊숙이 간직한 가치를 드러내거나 대표하는 사람들을 존경하는 경향이 있습니다. 존경하는 사람이 유명인일 수도 있고, 가족 구성원 또는 지인일 수도 있습니다. 니나는 마야에게 자신이 정말 존경하는 사람 세 명을 꼽아 보게 했습니다. 마야는 즉시 학교의 교장 선생님을 떠올렸습니다. 마야는 교장 선생님의 강한 직업 윤리와 공정성을 가치 있게 여겼습니다. 또 마야는 가수 테일러 스위프트를 창의성과 혁신성 면에서 존경한다고 답했습니다. 이 답변은 그녀의 가치에 대한 중요한 단서를 제공했습니다.

아래에 존경하는 사람을 세 명 나열한 다음, 그들의 어떤 점이 그 사람들을 높이 평가하게 만드는지 생각해 보세요. 가치 목록을 참고해 그들의 삶에서 어떤 가치를 발견할 수 있는지 확인해 보세요.

존경하는 사람

이 사람은 어떤 가치를 대표하나요?

존경하는 사람

이 사람은 어떤 가치를 대표하나요?

존경하는 사람

이 사람은 어떤 가치를 대표하나요?

어떤 사람이 되고 싶나요?

어떤 사람이 되고 싶은지, 어떤 삶을 살고 싶은지 생각해 보세요. 미래의 모습, 예를 들어 자신의 여든 번째 생일 파티를 상상해 보세요. 다음은 가치를 파악하는 데 도움이 되는 두 가지 중요한 질문입니다. 답을 적어 보세요.

당신의 삶을 돌아볼 때 어떤 모습을 보고 싶나요?

당신이 어떤 사람이었는지, 당신이 무엇에 시간을 보냈는지, 어떤 자질을 지녔는지에 관해 사람들이 무슨 말을 하기를 바라나요?

가장 중요하다고 표시한 가치를 다시 살펴보세요. 이 특성들을 가장 잘 나타내는 가치를 적어 보세요.

에드는 이 연습을 할 때 처음에는 자신이 어떤 사람이 되고 싶은지 정의하는 데 어려움을 겪었습니다. 반면, 80세 생일에 사람들이 자신에 관해 어떻게 이야기해 주면 좋을지를 상상하는 것은 오히려 더 쉬웠습니다. 그는 무엇보다도 좋은 아버지, 좋은 남편, 좋은 친구로 기억되고 싶었습니다. 또한 신체적 문제를 이겨 낸 용기를 지닌 사람으로 존경받기를 바랐습니다. 에드는 이 연습을 통해 얻은 가치로 가족, 우정, 용기, 결단력을 선택했습니다.

당신의 핵심 가치

여러 가지 방법으로 자신의 가치를 식별했다면, 이제는 이것을 한데 모아 보겠습니다. 지금까지 했던 것들을 돌아보며, 자신에게 가장 중요하다고 생각되는 가치를 5~10개 나열해 보세요. 이 가치를 '핵심 가치'라고 부를 것입니다. 당신에게 정말 중요한 핵심이기 때문입니다. 우선순위에 따라 나열해 보세요. 가장 중요한 가치를 먼저 적고, 나머지는 뒤에 적으세요. 가치의 순서는 중요하지 않습니다. 가장 중요한 가치 10개를 나열하는 것도 괜찮습니다. 이 목록은 당신의 모든 가치를 나열하는 것이 아니라, 가장 중요한 가치 10개만을 나열하는 것입니다.

1. ______________________________
2. ______________________________
3. ______________________________
4. ______________________________
5. ______________________________
6. ______________________________
7. ______________________________
8. ______________________________
9. ______________________________
10. ______________________________

당신의 가치를 기분 향상 활동으로 바꾸기

핵심 가치를 확인했으니, 다음 단계로 가겠습니다. 이제 당신의 가치를 구체적이고 실행 가능한 구체적인 행동으로 바꾸어 삶에 통합해 보겠습니다. 가치 기반 활동은 행동활성화의 기분 향상 효과를 높이고 동기 부여를 강화함으로써 우울증을 극복하는 데 큰 도움이 됩니다.

가장 중요하다고 생각하는 가치 중 하나를 선택하는 것부터 시작해 봅시다. 그런 다음, 이 중요한 가치와 일치하는 활동들을 파악해 보겠습니다. 당신이 식별한 활동들이 구체적이고 실행 가능하며, 일상에 포함될 수 있는 것인지 확인하세요.

에드에게는 가족 관계가 매우 중요했는데, 이것을 예로 들어 살펴볼 것입니다. 그는 가족 관계를 소중히 여기는 활동으로 알렉스와 더 많은 시간을 보내는 것을 떠올렸습니다. 이것이야말로 정말 좋은 시작점이고 해 볼 만하다고 생각했지만, 계획이 좀 더 구체화되어야 했습니다. 그래서 에드는 계획을 좁혀 '토요일 아침에 한 시간 동안 알렉스와 함께 공원에 가기'라는 아이디어를 떠올렸습니다. 이것은 훨씬 더 구체적인 계획이었습니다.

당신은 어떤가요?

가치 기반 활동을 생활에 적용해 볼 차례입니다. 당신이 중요하게 여기는 가치를 하나 선택하세요. 그런 다음, 아래의 '가치에서 행동으로' 워크시트에 이를 나열하고 관련된 행동을 최소한 하나 또는 두 가지 적어 보세요. 에드의 답변을 예로 들어 보겠습니다. 이를 통해 원하는 만큼 각 핵심 가치에 대해 연습해 볼 수 있습니다. 항상 그렇듯이, 핵심은 당신이 생각해 낸 활동이 구체적이고 실행 가능한 것인지 확인해야 한다는 것입니다.

아이디어를 떠올리는 게 어렵다면, 다음과 같은 방법이 도움이 될 것입니다. 당신과 낯선 사람이 '가치 단어 게임'이라는 퀴즈 쇼에 참가한다고 상상해 봅시다. 상대방이 당신의 가장 중요한 가치를 맞히면 100만 달러를 받을 수 있습니다. 하지만 대화는 할 수 없고, 그 사람은 단지 일주일 동안 당신이 하는 행동을 지켜보기만 할 수 있습니다. 그 경우 당신은 상대방이 당신의 핵심 가치를 추측할 수 있도록 어떤 활동을 할 건가요? 이러한 질문은 당신의 가치 기반 활동을 알아내는 좋은 출발점이 될 것입니다.

가치에서 행동으로	
핵심 가치	**구체적이고 실행 가능한 가치 기반 활동**
가족 관계	• 알렉스와 더 많은 시간 보내기: 토요일 아침에 함께 공원에 가기 • 아내와 좋은 시간 보내기: 저녁 식사 중 핸드폰 보지 않기

계획을 세워 보세요

스티븐이 다니는 헬스장의 입구에는 동기 부여 문구가 커다란 검은 글씨로 적혀 있습니다. "내일 내가 원하는 곳(또는 내가 되고 싶은 사람)에 조금 더 가까워질 수 있도록 오늘 내가 할 수 있는 *한 가지*는 무엇인가?" 이 질문을 바꾸면 "오늘 내가 할 수 있는 활동 중 내 삶의 중요한 가치와 일치하는 활동은 무엇인가?"입니다.

'가치에서 행동으로' 워크시트를 작성하면서 떠올린 활동들을 살펴보세요. 그중 하나 또는 두 가지를 선택해 '활동 계획: 가치 기반 활동' 워크시트를 작성하세요. 언제 어디서 어떤 활동을 할 것인지, 얼마나 오랫동안 할 것인지 적어 보세요. 더불어 그 활동이 구체적이고 실행 가능한지, 일상에 포함될 수 있는지 확인해 보세요. 마지막으로, 그 활동을 시작하기 위한 첫 번째 단계를 기록하고, 예상되는 장애물에 대해서도 생각해 보세요. 에드의 답변 중 하나를 예로 제시합니다.

3장에서 했던 상상 훈련을 기억하나요? 이제 그 방법을 사용할 때입니다. 눈을 감고 심호흡한 다음 선택한 활동을 하는 모습을 상상해 보세요. 가능한 한 자세하게, 첫 번째 단계를 시작하는 자신을 느껴 보세요. 그런 다음 그 활동 전체를 하는 모습을 상상해 보세요. 자신의 가치와 일치하는 활동을 하고 있다는 사실에 기분이 좋아지게끔 해 보세요. 이 상상 훈련을 세 번 반복하세요. 어떤 느낌이 들었나요? 점점 더 실행 가능하다는 느낌이 드나요?

이제, 계획을 실행할 시간입니다! 앞서 했던 것처럼 이러한 활동에 참여하기 전과 후의 기분을 꼭 기록하세요. 이전 장에서 소개한 '나의 기분 평가하기' 워크시트를 사용하면 좋습니다. 이렇게 한 걸음씩 매일 실천한다면, 가치 기반 활동이 얼마나 강력한 기분 향상 행동인지 알 수 있을 것입니다.

활동 계획: 가치 기반 활동					
내가 할 일	어떤 가치를 부여할 수 있나요?	내 계획은	첫 번째 단계	내가 마주칠 장애물	장애물 대처 방법
토요일 아침에 한 시간 동안 알렉스와 함께 공원에 가기	가족 관계	☑ 구체적인가? ☑ 실행 가능한가? ☑ 일상생활에 포함되는가?	날씨에 맞게 옷 챙겨 입기	비 오는 날씨	공원 대신 실내에서 놀 수 있는 장소에 갈 예정
		☐ 구체적인가? ☐ 실행 가능한가? ☐ 일상생활에 포함되는가?			
		☐ 구체적인가? ☐ 실행 가능한가? ☐ 일상생활에 포함되는가?			
		☐ 구체적인가? ☐ 실행 가능한가? ☐ 일상생활에 포함되는가?			

가치를 통해 기분 향상 활동 강화하기

3장과 4장에서는 기분을 좋게 하는 여러 가지 활동을 소개했습니다. 다음 두 장에서는 기분 향상 활동 유형을 몇 가지 더 추가할 예정입니다. 이러한 활동은 기분을 좋게 만들 뿐 아니라 의미도 갖기에 더 강력합니다. 기분을 향상시키는 동시에 가치와 관련된 활동을 하면 기분과 동기를 모두 증진시키는 힘이 생깁니다.

[그림 5.1]에는 몇 가지 가능한 기분 향상 활동과 그에 관련된 핵심 가치를 나열했습니다. 일부 활동은 하나의 핵심 가치와 관련이 있는 반면, 일부 활동은 두 가지 이상의 가치와 관련이 있습니다.

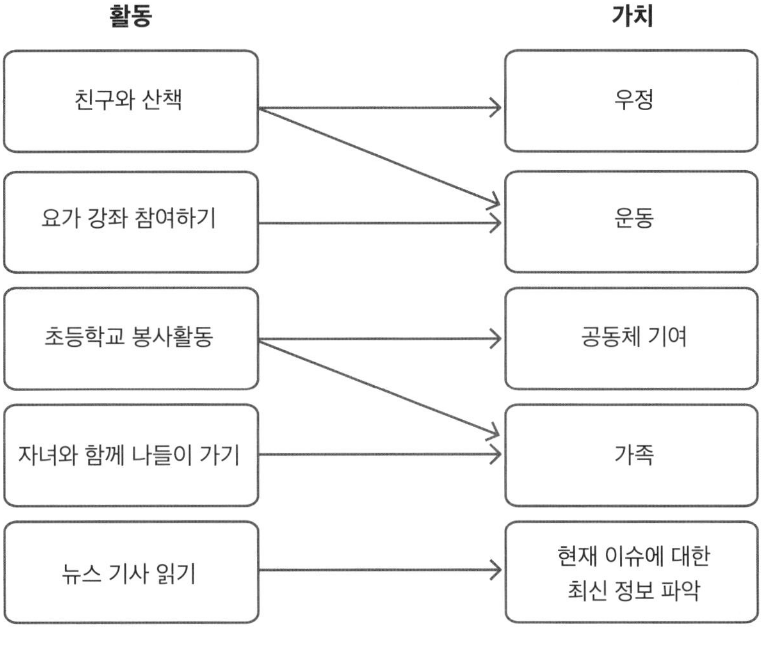

[그림 5.1] 기분을 향상시키는 활동 및 그와 연관된 가치

마야가 주간 계획에 포함하고 싶었던 기분 향상 활동 중 하나는 아이들과 함께 보드게임을 하는 것이었습니다. 하지만 한 주가 지나자, 하고 싶은 마음이 사라졌습니

다. 더 시급해 보이는 일이 있었기 때문입니다. 마야는 아이들과 보드게임을 하는 것과 관련된 자신의 핵심 가치를 파악하면 동기가 부여될지 궁금했습니다. 자신의 핵심 가치 목록을 살펴보자 아이들과 보드게임을 하는 것이 좋은 엄마, 아이들과 재미있는 활동을 하는 엄마가 되는 가치와 관련이 있다는 것을 깨달았습니다. 가치를 알게 되었다고 보드게임을 할 시간과 의욕이 저절로 생기지는 않았지만, 하고자 하는 마음과 동기는 증가했습니다. 마야는 활동을 통해 즐거움과 성취감도 느끼게 되었습니다.

당신은 어떤가요?

'가치를 통한 기분 향상 활동 강화' 워크시트를 사용해, 3장 또는 4장에서 기분 향상 활동으로 확인된 활동 중 두세 가지 활동을 적어 보세요. 이제 잠시 시간을 내어 그 활동들이 왜 중요한지 생각해 보세요. 이 활동들은 당신의 핵심 가치와 어떤 관련이 있나요? 예를 들어, 친구와 함께 산책하는 것을 기분 향상 활동으로 확인했다면, 이는 '건강한 몸'이라는 가치, 또는 '자연과 함께하는 가치', 아니면 '우정'이라는 가치와 관련이 있나요? 어쩌면 이 모든 가치가 중요할 수도 있습니다. 마야의 답변을 예로 제시했습니다.

가치를 통한 기분 향상 활동 강화	
기분 전환 활동	**연관된 가치**
마야: 아이들과 보드게임 하기	• 좋은 엄마 되기 • 아이들과 재미있는 활동을 하는 엄마 되기
1.	

2.	
3.	

잠시 시간을 내어 방금 한 활동을 살펴보세요. 활동의 이면에 있는 가치를 파악하는 것이 어땠나요? 동기 부여에 어떤 영향을 미쳤나요? 활동을 마친 후의 기분에 어떤 영향을 주었나요? 당신의 생각을 적어 보세요.

기분 향상 활동에 대한 다양한 실천 계획을 세울 때, 그 활동이 나에게 어떤 가치를 나타내는지 생각해 보세요. 이 활동이 중요한 이유는 무엇인가요? 이 활동은 어떤 식으로 미래에 내가 원하는 곳과 사람에게 더 가까워지게 하나요? 스스로 이런 질문을 던지면 행동활성화 계획에 대한 동기를 높이고 기분을 향상시키는 잠재력을 높이는 데 도움이 됩니다.

다음 단계는 무엇인가요?

이 장에서는 당신에게 가장 중요한 것, 즉 당신의 가치를 살펴보면서 좀 더 개인적인 이야기를 나누었습니다. 이 장에서 다룬 내용 중 당신에게 가장 중요한 것은 무엇인가요? 당신의 삶을 더 좋게 만들고, 우울증에 맞서 싸우는 데 도움이 되는 것은 무엇인가요?

오늘 배운 내용을 일상생활에 어떻게 적용하고 싶나요?

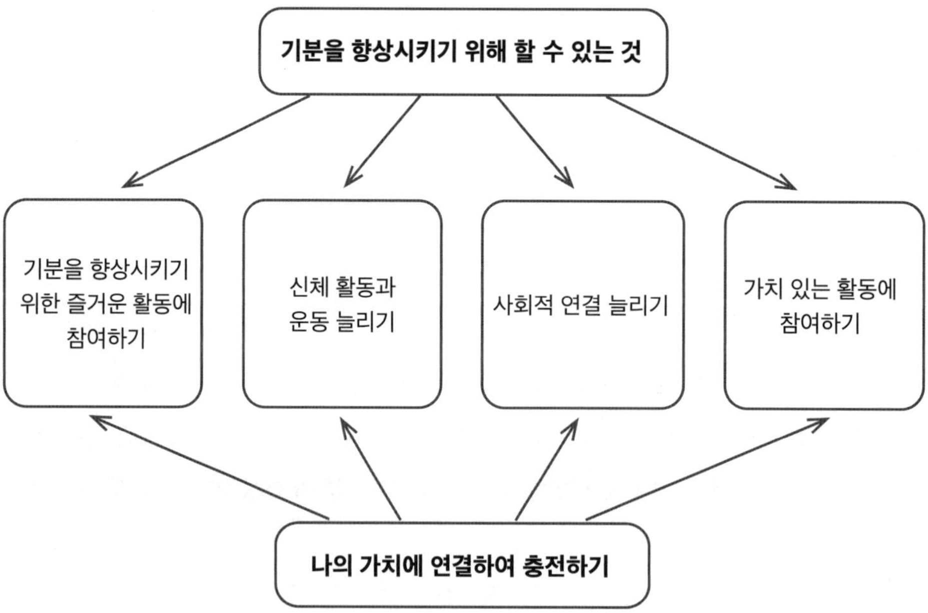

[그림 5.2] 효과적인 기분 향상 활동: 가치 기반 활동

지금까지 우울-저항적 삶의 구성 요소인 네 가지 활동 유형인 기분을 향상시키는 즐거운 활동, 신체 운동, 사회적 연결, 가치 기반 활동에 대해 살펴보았습니다. [그림 5.2]는 이를 요약한 것입니다.

다음 장에서는 기분을 좋게 할 뿐 아니라, 자신감을 높이는 데도 중요한 역할을 하는 또 다른 방법에 주목할 것입니다. 더불어 성취감과 숙달감을 증진시키는 활동들도 살펴볼 것입니다.

6장
숙달감과 성취감 만들기

처음 자전거 타는 법을 배웠을 때를 기억하나요? 많은 연습이 필요했고, 아마 몇 번 넘어지기도 했을 것입니다. 하지만 결국 중심을 잡고 잘 달리는 데 성공했습니다. 그 성공이 가져다준 만족감을 떠올릴 수 있나요? 혹은 처음으로 두꺼운 책을 완독했을 때, 마침내 수영을 배웠을 때, 혹은 운전면허 시험에 합격했을 때 같은 경험을 떠올릴 수 있을 것입니다. 이런 모든 활동은 보통 성취감과 자기만족감을 주는 경험입니다.

우리는 사는 동안 계속해서 새로운 성취와 만족을 느끼는 경험을 합니다. 새로운 스마트폰 앱 사용법을 배우거나, 새로운 언어, 게임 또는 스포츠를 배우거나, 고등학교와 대학교를 졸업하거나, 첫 직장을 얻거나 승진하는 것처럼 살면서 계속해서 새로운 숙달감과 성취감을 얻는 경험을 합니다.

그 외에도 여러 가지 다른 일을 떠올릴 수 있습니다. 이 모든 활동에는 목표를 설정한 다음 꾸준히 노력해 새로운 기술과 지식을 습득하는 일련의 성공을 이루기 위한 과정이 포함됩니다. 심지어 제시간에 출근하기, 집 안 곳곳 수리하기, 침대 정리하기, 더러운 싱크대 청소하기, 청구서 처리하기, 장작 패기, 잔디 깎기 등 일상적인 일을 하는 것만으로도 성취감과 숙달감을 만들어 낼 수 있습니다. 특히 우울할 때는 이 같은 일상적인 활동이 매우 중요한 성취를 의미할 수 있습니다.

시간이 지나면서 우리는 점점 더 많은 숙달감과 성취감을 경험하게 되며, 심리학자들이 '자기 효능감'이라고 부르는 것이 발달하기 시작합니다(Bandura 2008). 자기 효능감은 장애물에도 불구하고 해낼 수 있다는 자신의 능력에 대한 믿음입니다. 결국에는 노력이 보상받을 것이라고 믿기 때문에 더 침착하고 탄력적이며 끈기 있게 인생의 도전에 맞설 수 있습니다. 숙달감과 성취감을 주는 활동은 자기 효능감을 향상하는 것 외에 긍정적인 자존감을 높이는 데도 도움이 됩니다. 이 두 가지 요소는 행복하고 만족스러운 삶을 사는 데 매우 중요합니다.

우울증은 숙달감과 성취감에 어떤 영향을 미칠까요?

우울증이 숙달감과 성취감을 주는 활동에 참여하는 것을 적극적으로 방해한다는 사실은 그리 놀라운 일이 아닙니다. 우울증은 우리의 성취에 대해 매우 냉소적이고, 우리가 목표를 달성할 수 있는 능력에 대해 비관적으로 느끼게 하며, 또한 우리를 동기가 결여된 상태로 만듭니다. 그러다 보면 자기 효능감을 키워 주는 새로운 도전을 피하게 되고, 성취감을 느낄 만한 활동에 참여하지 않게 됩니다. 그 결과 더 빈곤하고

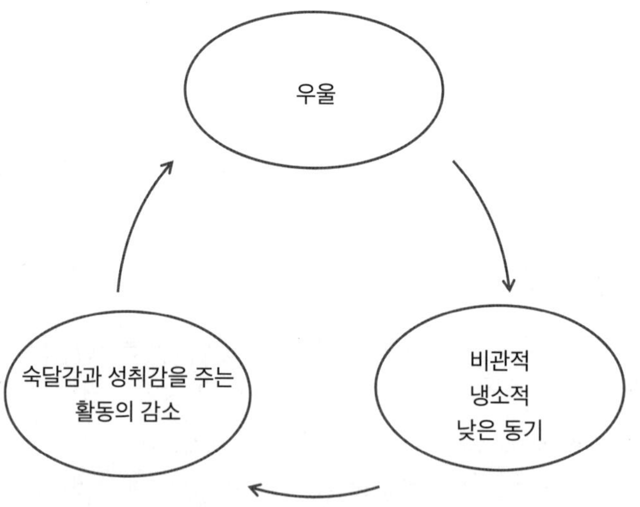

[그림 6.1] 우울증과 숙달감 및 성취감을 주는 활동 사이의 악순환

우울한 상태가 됩니다. [그림 6.1]은 이 같은 부정적인 사이클이 어떻게 작동하는지 보여 줍니다.

우울해지기 전에 에드는 숙달감과 성취감을 느낄 수 있는 여러 가지 활동에 참여하고 있었습니다. 우선, 에드는 목수로서 자신의 일에 매우 자부심을 느꼈습니다. 그는 자격증을 취득했을 때 느꼈던 큰 만족감을 회상하며 아쉬워했습니다. 자격증을 취득한 후에도 에드는 계속해서 교육을 받았습니다. 그는 승진하고 싶었습니다. 하지만 손목 통증 때문에 일을 그만두면서 만족감을 얻는 원천을 잃게 되었고, 그 상실감은 우울증으로 이어졌습니다.

그는 손을 다치기 전에는 여가 시간에 작은 가구 만드는 일을 즐기곤 했습니다. 이 분야에서 자신의 기술이 발전하고 있다는 사실에 매우 만족감을 느꼈습니다. 하지만 우울증에 걸린 후, 에드는 가구 만들기에 흥미를 잃었습니다. 저녁 시간을 작은 가구를 만드는 데 보내는 대신 TV를 보거나 맥주를 마셨습니다. 그는 더 우울해졌습니다.

또 이전에 만족스러운 성취감을 주었던 다른 활동에도 흥미를 잃었습니다. 예를 들면, 우울증에 걸리기 전에는 자동차 관리하는 것을 매우 좋아했습니다. 매주 토요일 아침마다 차가 반짝반짝 빛날 때까지 안팎으로 꼼꼼하게 세차했습니다. 하지만 우울증에 걸린 후로는 세차를 중단했고, 그 결과 그의 차는 지저분해졌습니다. 에드는 더러운 차를 운전하는 것이 싫어 집에만 있었고, 그로 인해 기분은 더 나빠졌습니다.

당신은 어떤가요?

이제는 당신이 숙달감과 성취감을 주는 활동에서 벗어난 상태인지 살펴봅시다. 과거에 당신에게 만족스러운 성취감과 성공감을 주었던 몇 가지 일을 떠올려 보세요. 아래의 '나의 이전 숙달감 및 성취감 활동' 워크시트의 첫 번째 열에 그 활동을 적어 보세요. '큰' 숙달감 및 성취감을 주는 활동뿐 아니라 일상적인 성취감도 모두 포함하세요. 두 번째 열에는 과거에 그 활동에 얼마나 자주 참여했는지 적어 보세요. 세 번째 열에는 현재 얼마나 자주 참여하고 있는지 작성해 보세요. 에드의 답변을 예로 제시했습니다.

나의 이전 숙달감 및 성취감 활동		
이전 숙달감 및 성취감 활동	**우울해지기 전 빈도**	**현재 빈도**
목공 견습 과정 수료하기	3년 전 완료	없음
세차하기	매주	일 년에 한두 번
작은 가구 프로젝트 작업	주 2~3회	절대 안 함

나의 이전 숙달감 및 성취감 활동		
이전 숙달감 및 성취감 활동	**우울해지기 전 빈도**	**현재 빈도**

잠시 시간을 내어 이 워크시트를 작성하면서 배운 점을 생각해 보세요. 과거 성취감과 숙달감을 느꼈던 활동에 참여하는 빈도에 변화가 있나요?

어떤 활동이 변화했으며, 그것은 당신의 기분에 어떤 영향을 미쳤나요?

우울증은 자기 효능감과 자존감을 느낄 수 있는 새로운 활동에 참여하는 일에 어느 정도로 지장을 주나요?

우울증으로 인해 더는 참여하지 않게 된 숙달감 및 성취감과 관련된 활동은 무엇인가요?

이것은 당신의 기분에 어떤 영향을 미쳤나요?

고무적인 소식은 당신이 다시 일어나 성취감과 숙달감을 되찾을 수 있다는 것입니다. 이제 그 방법을 알려드리겠습니다.

숙달감 및 성취감 활동 파악하기

이제 숙달감과 성취감을 주는 활동을 알아보면서 우울증의 부정적인 순환을 되돌리고, 자기 효능감과 자존감을 향상시키며, 긍정적인 성취감을 만드는 데 도움이 되는 활동을 파악하는 방법을 살펴보겠습니다.

이미 해 오던 일을 주목하기

당신은 이미 숙달감 및 성취감을 얻기 위한 여러 가지 활동을 하고 있지만, 이를 알아차리지 못하거나 인식하지 못할 수 있습니다. 어느 정도의 노력과 주의, 끈기가 필요한 크고 작은 모든 일을 떠올려 봅시다. 이런 활동이 별로 중요해 보이지 않더라도(특히 우울할 때), 알고 보면 자신이나 주변 사람들의 삶을 더 좋게 만드는 데 도움이 될 수 있습니다. 가령, 식사를 준비하나요? 침실 정리를 하나요? 매일 출근을 하나요? 세탁을 하나요? 과제나 업무 보고서를 제출하나요? 이러한 모든 활동은 성취를 나타내며, 이를 스스로 인지하고 자랑스러워할 수 있습니다. 악기 연습을 하나요? 강좌를 수강하거나, 퍼즐을 맞추거나, 책을 읽나요? 이런 활동은 모두 지속적인 관심과 노력이 필요한 숙달감을 주는 활동입니다.

물론 우울한 상태라면 대부분의 활동에 참여하는 것이 훨씬 더 힘들어지기 때문에 이는 더 큰 성취가 될 수 있습니다! 예를 들면, 마야는 우울해졌을 때 규칙적인 집안일과 요리를 할 에너지를 내기가 힘들었습니다. 하지만 더 이상 예전 수준만큼 일을 해내지 못하는 자신에게 화를 내기보다는 우울증에도 불구하고 매일 밤 설거지를 하고, 항상 아이들에게 간단하게라도 따뜻한 음식을 제공하고 있다는 사실에 자부심을 느끼기로 결심했습니다.

앞으로 일주일 동안 '나의 현재 숙달감 및 성취감 활동' 워크시트를 사용해 가능한 한 많은 숙달감 및 성취감 활동을 찾아내고 기록해 보세요. 매일 하나씩이라도 찾아보세요. 그리고 잠시 시간을 내어 자기 자신을 칭찬하고 성취를 인정해 보세요. 각 활동 기록 공간에 "잘했어!"라고 작성해도 좋습니다. 우울감에 빠지기 전에는 일상적이고 쉬웠던 활동이 이제는 무언가를 해냈다는 진정한 성취를 의미할 수 있다는 사실을 기억하세요.

나의 현재 숙달감 및 성취감 활동	
날짜 및 시간	숙달감 및 성취감 활동

이제 워크시트를 보면서 좀 더 자주 시도해 볼 수 있을 것 같은 활동에 동그라미를 표시해 보세요. 특히 숙달감과 성취감을 느끼게 해 주고 해 볼 만한 활동에 집중하세요. 또 당신의 핵심 가치와 일치하는 의미 있는 활동에 집중할 수도 있습니다(5장 참조). 예를 들어, 마야는 잠자리에 들기 전에 아이들의 점심을 준비하기로 했습니다.

당신에게 숙달감과 성취감을 주는 활동 중 더 자주 하고 싶은 활동을 적어 보세요.

과거에 효과 있었던 일을 시도해 보기

앞서 우리는 과거에 숙달감과 성취감을 느꼈던 몇 가지 활동에 대해 잠시 생각해 보자고 제안했습니다. 우울할 때는 종종 이런 활동을 멈추거나, 덜 자주 하거나, 덜 신경 써서 하게 됩니다. 이런 일들은 정시에 출근하거나 공과금을 납부하는 것 같은 일상적인 활동일 수도 있고, 학교 졸업장 취득 같은 장기적인 목표에 따른 활동일 수도 있습니다. 마야는 학생들의 과제를 얼마나 빨리 돌려주는지에 대해 자부심이 었습니다. 학생들에게 즉각적으로 피드백을 주는 것이 중요하다고 믿었습니다. 하지만 우울해지면 학생들의 과제를 돌려주기까지 몇 주가 걸리고, 피드백을 하지 않는 경우도 빈번해졌습니다. 그래서 학생들에게 과제를 더 빨리 돌려주고, 가장 잘한 과제에는 "잘했어요!"라고 적기로 계획을 세웠습니다.

과거에 해 본 적이 있거나, 다시 시작하고 싶은 숙달감 및 성취감을 주는 활동을 생각해 보고, 아래에 적어 보세요.

우울할 때는 과거에 했던 활동만큼 숙달감과 성취감을 느끼지 못할 수 있다는 점을 기억하는 것이 중요합니다. 이런 경우는 꽤 흔합니다. 하지만 중요한 것은 첫걸음을 내딛는 것입니다. 꾸준히 하다 보면 성취감이 커지고 기대했던 것보다 더 큰 숙달감과 성취감을 느낄 수 있습니다.

당신의 핵심 가치로 숙달감 및 성취감 활동 강화하기

이전 장에서는 마야의 기분 향상 활동을 핵심 가치와 연결해 강화하는 방법을 살펴봤습니다. 이번에는 숙달감 및 성취감을 위한 기분 전환 활동에 같은 방법을 적용해 볼 것입니다. 한 가지 예를 들어 보겠습니다. 니나의 내담자인 레이는 은행에서 계정 관리자로 일하고 있었습니다. 그런데 우울증에 걸리고 나서는 업무가 힘들어졌습니다. 레이는 숙달감과 성취감을 주는 기분 향상 활동으로 중요한 업무 프로젝트를 완수하는 것을 선정해 이에 집중하기로 했습니다. 니나와 레이는 레이의 핵심 가치를 어떻게 프로젝트 완수와 연결시킬 수 있을지 고심했습니다.

레이는 이 일을 재정적 · 직업적 성공이라는 가치와 연결시켰습니다. 또한 레이는 흑인이 아닌 유색인종으로서 다른 인종 혹은 성소수자들의 멘토가 되는 것을 중요한 가치로 여겼습니다. 이러한 핵심 가치를 염두에 두고 이들은 프로젝트 일부로 젊은 팀원들을 위한 멘토링을 포함하기로 결심했습니다. 이렇게 핵심 가치를 활동에 연결시킨 후, 레이는 더 많은 동기를 부여할 수 있었고, 성취감도 커졌습니다.

당신의 경우 숙달감 및 성취감을 느끼는 활동을 핵심 가치와 어떻게 연결할 수 있을까요? 예를 들어 요리를 선택했다면, 이는 건강을 돌보는 가치와 관련이 있을까요? 혹은 친구나 가족을 위해 맛있는 음식을 만든다면, 이것이 이들과의 관계를 중요시하는 가치와 관련이 있을까요? 이 모든 가치가 당신에게도 중요할 수 있습니다.

이제 당신이 이미 하고 있거나 더 자주 하고 싶은 활동, 혹은 예전에 하다 중단했거나 덜 하는 활동들을 모두 살펴봅시다. 그중 더 자주 하고 싶거나 다시 시작하고 싶은 활동 서너 가지를 적어 보세요. 그리고 이 활동들이 왜 중요한지 생각해 보세요. 그것들은 어떤 핵심 가치와 관련이 있나요? 예시로 레이의 답변 중 하나를 적어 두었습니다.

핵심 가치로 숙달감 및 성취감 활동 강화하기	
숙달감 및 성취감 활동	**관련 핵심 가치**
중요한 업무 프로젝트 완료	유색인종 또는 성소수자 동료에게 멘토이자 모범이 되기

방금 한 연습을 살펴봅시다. 숙달감 및 성취감을 주는 활동의 이면에 있는 가치는 무엇인가요? 그것이 동기 부여에 어떤 영향을 주었나요? 활동을 해낸 후 기분이 어땠나요? 당신의 생각을 적어 보세요.

숙달감 및 성취감을 주는 새로운 활동 찾기

어쩌면 당신도 에드처럼 한때 숙달감과 성취감을 주었던 활동들을 더 이상 할 수 없는 상태일 수 있습니다. 또는 은퇴, 실직, 이사와 같은 생활 환경 등의 여러 가지 변화로 인해 성취감을 느낄 만한 일이 없어 매너리즘에 빠져 있을 수도 있습니다. 이유가 무엇이든 새로운 일에 도전하고, 목표를 세우고, 숙달감과 성취감을 느낄 기회를 스스로 제공해야 할 때일 수 있습니다. 이해하기 어렵겠지만 우울증이 새로운 경험과 성장을 위한 기회가 될 수도 있습니다.

숙달감과 성취감을 느낄 수 있는 새로운 활동을 선택할 때 중요한 점은 개인의 가치관을 염두에 두어야 한다는 것입니다. 예를 들어, 스티븐은 최근 퇴직한 한 사람과 함께 일했는데, 그는 더 이상 도전과 성취감을 주는 일이 없어서 우울해진 상태였습니다. 이 사람은 다른 사람을 돕는 것을 매우 중요하게 생각했습니다. 그는 지역 푸드 뱅크에서 자원봉사를 하기로 했습니다. 그곳에서 즐거운 시간을 보냈고, 새로운 기술을 배웠으며, 지역사회에 실질적으로 이바지할 수 있었습니다.

누군가를 돕는 단체에서 자원봉사나 활동을 하는 것은 많은 사람에게 큰 성취감과 의미를 동시에 느끼게 해 줍니다. 이러한 단체는 자선 단체만큼이나 종류가 다양합니다. 노숙자를 돕는 자선 단체도 있고, 정치 또는 종교, 환경 단체 등 여러 가지가 있습니다. 중요한 것은 이런 단체의 방향이 자신의 가치관과 일치해야 한다는 점입니다.

이전 장에서 확인한 개인적인 가치관을 되돌아보며 자신에게 정말 중요한 것은 무엇인지 다시 한번 기억하세요. 이제 핵심 가치 몇 가지를 선택하고, *이와 일치하면서 숙달감과 성취감을 줄 수 있는 활동은 어떤 것이 있는지* 생각해 보세요. 크든 작든, 자신에게 의미 있는 새로운 숙달감 및 성취감을 느끼게 하는 활동을 떠올려 보세요. 그리고 그것들을 적어 보세요.

핵심 가치: ______________________________

이 가치에 부합하는 숙달감 및 성취감을 주는 새로운 활동은 무엇인가요?

핵심 가치: ______

이 가치에 부합하는 숙달감 및 성취감을 주는 새로운 활동은 무엇인가요?

______

______

핵심 가치: ______

이 가치에 부합하는 숙달감 및 성취감을 주는 새로운 활동은 무엇인가요?

______

______

에드는 목수로서 더는 일에서 성취감을 얻을 수 없었기 때문에, 성취감과 숙달감을 느낄 수 있는 다른 활동을 찾기 시작했습니다. 그는 과거에 효과적이었던 방법인 가구 제작을 다시 시작해 보기로 마음먹었습니다. 예전만큼의 성취감을 얻지는 못했지만, 그래도 어느 정도 성취감을 얻을 수 있었습니다. 그리고 놀랍게도 시간이 지날수록 그 일을 하며 점점 더 많은 만족감을 느끼게 되었습니다. 특히 자신이 만든 아동용 흔들의자를 알렉스에게 주었을 때 알렉스가 기뻐하는 것을 보면서 더 큰 보람을 느꼈습니다.

이후 그는 매주 세차하기를 또 다른 목표로 삼았습니다. 처음에는 힘들었지만 점점 차가 깨끗해지는 것을 보며 만족과 자부심을 느꼈고, 차를 깨끗하게 유지하고 싶은 동기를 지속하는 것도 이전보다 더 쉬워졌습니다. 심지어 다시 드라이브를 즐기게 되었습니다.

열심히 일하는 것은 에드의 중요한 개인적 가치 중 하나였습니다. 목수로 일할 수 없게 되었을 때, 그의 자존감은 급격히 떨어졌습니다. 그래서 스티븐과 에드는 에드가 다시 열심히 일하며 생산성을 높일 수 있는 새로운 방법을 찾아보기로 했습니다. 에드는 여러 가지 선택지 중에 고심하다가, 대형 건설 프로젝트의 자재와 가격을 매기는 기술을 배워 기획서를 보고 자재를 추정하고 견적을 내는 일을 하기로 했습니다. 그래서 에드는 재교육 과정을 시작했습니다. 종종 동기를 유지하기 어려웠지만, 다시 배우고 생산적인 일을 한다는 자체로 기분이 좋았습니다.

당신은 어떤가요?

이제 이번 장에서 배운 숙달감과 성취감을 위한 활동 중 한두 가지에 집중해 봅시다. 지금 하는 활동 중 더 해 보고 싶거나, 과거에 했던 활동 중 다시 시작하고 싶은 활동이 있을 수 있습니다. 아니면 무엇을 할 수 있을지 고민하다가 생각해 낸 새로운 활동이 떠오를 수도 있습니다.

생각이 잘 떠오르지 않는다면, 이 같은 상황에서 주변 사람들이 어떤 조언을 해 줄지 생각해 보세요. 당신을 잘 아는 다른 사람들, 즉 당신과 일부라도 가치관을 공유하거나 잘 아는 사람들과 이야기하는 것도 도움이 될 수 있습니다. 그 사람들은 성취감과 숙달감을 느끼는 활동으로 어떤 일을 하고 있나요? 그들을 보며 떠오르는 아이디어가 있나요? 완벽하게 해야 한다고 생각하지 마세요. '일단 해 보고 무슨 일이 일어나는지 보자!'라는 마음가짐으로 하면 됩니다.

이제 계획을 세울 수 있는지 확인해 봅시다. 아래의 '활동 계획' 워크시트를 사용해 보세요. 계획이 구체적이고 실현 가능한지, 일상에 적용할 수 있는지 확인해 보세요. 항상 그렇듯이 첫 번째 단계를 고려하고, 숙달감 및 성취감을 느끼는 활동을 진행하면서 마주칠 수 있는 장애물을 예상해 보는 것도 도움이 됩니다.

활동 계획: 숙달감 및 성취감 활동				
내가 할 일	내 계획은	첫 번째 단계	내가 마주칠 장애물	장애물 대처 방법
	☐ 구체적인가? ☐ 실행 가능한가? ☐ 일상생활에 통합 되는가?			
	☐ 구체적인가? ☐ 실행 가능한가? ☐ 일상생활에 통합 되는가?			
	☐ 구체적인가? ☐ 실행 가능한가? ☐ 일상생활에 통합 되는가?			
	☐ 구체적인가? ☐ 실행 가능한가? ☐ 일상생활에 통합 되는가?			

잠시 편안하게 앉아 심호흡하고 계획한 것들을 상상 속에서 리허설해 보세요. 가능한 한 자세하게 작성해야 합니다. 이제 이러한 리허설을 두 번 더 해 봅시다. 상상 속에서 시연하면 할수록 계획이 더 실현 가능한 것처럼 느껴지는 경우가 많습니다.

이제 계획을 실행할 차례입니다. 숙달감 및 성취감 활동에 참여하기 전과 후의 기분을 평가해야 한다는 것을 잊지 마세요. 3장의 '나의 기분 평가하기' 워크시트를 사용할 수 있습니다. 기분이 긍정적으로 변했다면 자신에게 미소를 지어 주세요. 여전히 기분이 나아지지 않았다면 계속 시도해 보세요. 기분이 좋아지는 데까지 시간이 걸릴 수 있습니다. 어떻게 하면 기분 향상 효과를 더 크게 만들 수 있을까요?

마지막으로 당부하자면, 성공을 경험하는 것도 좋지만 성공에 이르는 과정도 매우 중요합니다. 아무리 작은 단계라도 자신이 내딛고 있는 걸음에 만족과 자부심을 느끼도록 노력해 보세요. 결국, 그 단계 하나하나가 큰 성공입니다! 과정에 집중하다 보면, 저절로 목적지에 도착하고 해결됩니다.

다음 단계는 무엇인가요?

잠시 앉아서 이 장에서 무엇을 배우고 싶은지 생각해 보세요. 그것이 당신으로 하여금 더 나은 삶을 살게 할지, 우울증을 극복하는 데 어떻게 도움이 될지 생각해 보세요.

이 장에서 의미 있었던 내용을 어떻게 계획에 반영해 삶에 적용할 수 있을까요?

[그림 6.2]는 이번 장에서 다룬 내용을 요약한 것입니다. 앞으로 며칠 동안 집중하고 싶은 부분이 있나요? 이를 생활에 어떻게 통합할 수 있을지 계획을 세워 보세요.

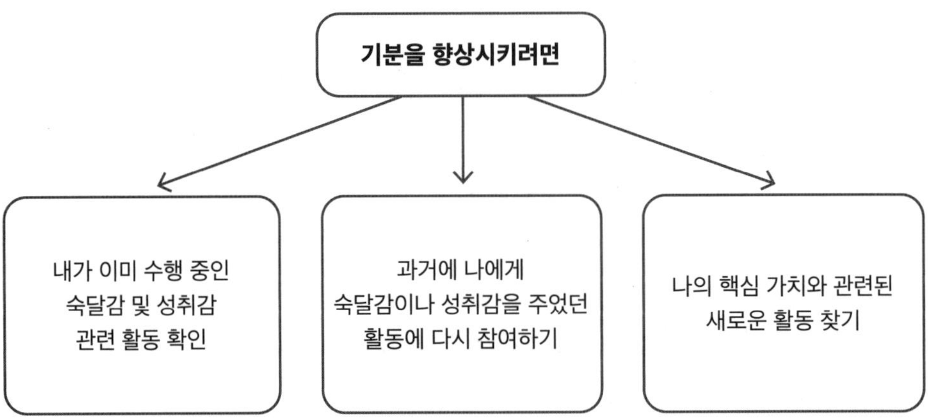

[그림 6.2] 효과적인 기분 향상 활동: 숙달감 및 성취감

다음 장에서는 우울증과 관련된 회피(미루기 등)를 극복하는 방법과 문제를 더 효과적으로 직면하고 해결할 수 있는 전략을 소개할 것입니다.

7장

회피를 멈추고, 문제를 직면하고, 해결하는 법 배우기

우리는 우울할 때면 스트레스를 유발하거나 도전적인 상황을 피하려 하는 경향이 있습니다. 문제를 회피하면 잠깐은 안심이 되지만, 회피는 생산적인 해결책으로 이어지는 경우가 드물며 결국은 우리의 문제와 기분을 훨씬 더 악화시킵니다.

문제를 피하면 회피의 함정에 빠지게 되어 회피할수록 기분이 악화되고, 기분이 악화될수록 더 많이 회피하게 되는 악순환에 빠지게 됩니다. 또 문제를 직면해 해결하거나 더 나은 대처 방안을 모색하는 것이 불가능하다고 생각되면서, 점점 희망이 없다고 느끼기 시작할 수도 있습니다. [그림 7.1]은 이 같은 회피의 함정이 어떻게 작동하는지를 잘 보여 줍니다.

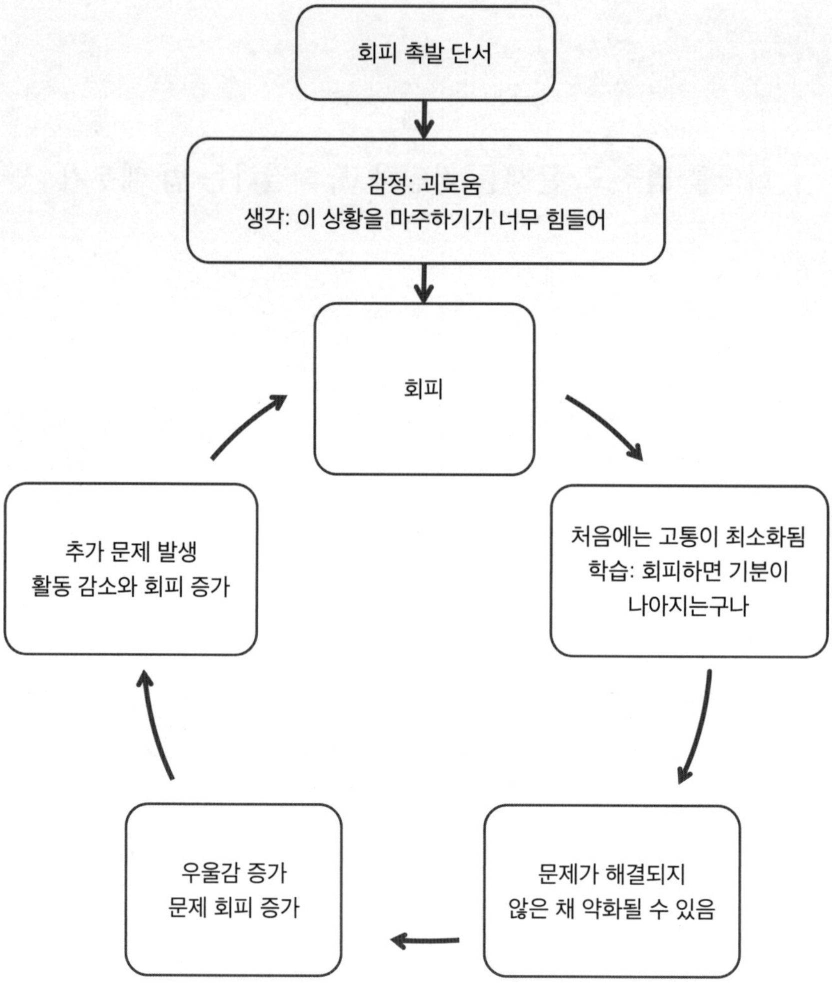

[그림 7.1] 회피 함정의 작동 방식

회피 촉발 단서 찾기

어렵고 불편하게 느끼거나 스트레스를 받는 상황 및 과제로, 그로 인해 피하고 싶은 것이기도 합니다. 피하지 않으면 삶이 훨씬 더 나아질 수 있음에도 불구하고 말입니다. 하기 싫은 집안일, 책상 위에 잔뜩 쌓인 서류 더미, 누군가와 꼭 나눠야만 하는 어려운 대화, 어렵거나 상황이 틀어질 것 같은 일처럼 우리는 저마다 회피의 촉발 단서를 가지고 있습니다. 물론 우울할 때는 모든 것이 어려워 보이고, 평소에 쉽게 하는 일조차 피하고 싶은 생각이 들 수 있습니다. 보통은 치과 예약하기, 머리 자르기, 샤워하기 같은 자기 관리 활동을 하기가 힘들게 느껴지기 시작합니다. 회피를 촉발할 수 있는 잠재적 단서들의 목록은 끝이 없습니다.

니나는 마야에게 무엇을 회피하고 있는지 물었습니다. 그러자 마야는 한숨을 쉬며 고개를 숙인 채로 "어머니의 유산과 관련된 세금을 모두 처리했는지 잘 모르겠어요. 사실 무엇을 해야 할지 잘 모르겠어요"라고 말했습니다. 또 피하는 것이 있는지 묻자, 마야는 다시 한숨을 쉬더니 "친구들 만나는 것도 피하고 있는 것 같아요"라고 했습니다. 스티븐은 에드에게 회피하려는 무언가가 있는지 물었습니다. 에드는 눈썹을 치켜올리면서 "뭐 그렇죠. 다들 알다시피, 제 몸은 정말 엉망이거든요. 운동을 완전히 피하고 있어요." 그는 잠시 멈추더니 머뭇거리며 말을 이었습니다. "그리고 앞으로 뭘 해야 할지도 피하고 있는 것 같아요. 이 손목 통증이 오래갈 수도 있잖아요."

'나는 어떤 상황이나 과제를 피하는 경향이 있는가?'라고 스스로 질문해 보고, 아래에 목록을 작성하세요.

한 주 동안 어떤 상황이나 과제가 회피하고 싶은 마음을 불러일으키는지 주의 깊게 살펴보고, 이를 목록에 추가하세요.

회피 패턴 인식하기

회피하는 방법은 정말 다양합니다. 가장 흔한 회피 방법들을 살펴보고, 자신의 회피 패턴을 확인해 보세요.

미루기

미루기는 매우 흔한 회피 방식 중 하나입니다. 아래는 우리를 포함한 내담자들이 자주 미루는 일들의 목록입니다. 이 목록을 읽으며 당신에게 해당하는 예시를 떠올려 보세요.

- 미납된 청구서
- 이메일 확인하거나 회신하기
- 중요한 전화 걸기
- 학교나 직장에서 하는 프로젝트
- 책상이나 테이블 위에 쌓여 있는 서류
- 자녀, 집, 자동차 또는 기타 개인적인 문제와 관련된 일
- 정리 정돈, 청소, 수리와 관련된 일
- 병원 예약, 머리 다듬기, 운동 등 자기 관리와 관련된 일
- 가족이나 친구와 만날 약속 잡기

당신은 어떤 일을 미루고 있나요? 중요하다고 생각하면서도 엄두가 나지 않는 활동이나 해야 할 일은 무엇인가요? 아래에 적어 보세요.

____

____

____

____

'휴식'으로서의 수면

피곤할 때 자고 일어나면 보통은 개운함을 느낍니다. 하지만 잠을 자거나 피로감을 느끼는 것 자체가, 어려운 상황이나 불편한 감정을 회피하는 방법이 될 수도 있습니다. 스스로 질문해 보세요. '하기 싫은 일을 하기로 마음먹었을 때 피곤함을 느끼고 잠자리에 든 적이 있는가?' 만약 그렇다면 수면이나 휴식을 회피의 수단으로 사용하고 있을 가능성이 있습니다.

당신이 피곤함을 느끼기 시작해 쉬어야겠다고 결심했을 때를 떠올려 보세요. 그때 어떤 활동을 하고 있었나요? 혹은 어떤 일을 할 계획이었나요?

주의를 다른 곳으로 돌리기

중요한 일이지만 하기 싫은 일을 회피하기 위해 더 쉬운 다른 일을 하며 시간을 보내나요? 예를 들면, 마야는 어머니의 유산과 관련된 금융 업무를 해야 한다고 생각할 때마다 아이들과 관련된 다른 일을 하며 바쁘게 보냈습니다. 물론 아이들을 돌보는 것도 중요한 일이지만, 결국 마야는 어머니의 유산과 관련된 재정적인 문제를 계속 미루다가 손도 대지 못했습니다. 니나의 경우 글을 쓰는 중에, 특히 글이 잘 풀리지 않을 때 문자 메시지를 확인하는 것이 가장 흔한 회피 방식입니다. 스티븐은 책상에 쌓인 문서와 서류 더미를 분류하고 정리하는 작업을 할 때 갑자기 벽에 걸린 그림을 똑바로 맞추는 일에 관심이 생기곤 합니다.

당신은 하기 어려운 일을 피하기 위해 어떤 행동을 하나요?

반추하기, 걱정하기, 불평하기

집중해야 하는 문제나 일에 대해 생산적으로 생각하는 것은 중요합니다. 하지만 *반추*(상황에 대해 지속적이고 반복적으로 생각하는 것)와 걱정은 대부분 생산적이지 않으며, 결정을 내리거나 행동으로 옮기는 것을 회피하는 방법이 될 수 있습니다.

불평하는 것도 때때로 도움이 될 수 있습니다. 친구나 가족 혹은 자신의 고민과 어려움을 나누는 것은 유익하지만, 불평만 하고 행동은 전혀 바꾸지 않는다면 불평 역시 문제 해결을 피하는 방법이 될 수 있습니다.

당신은 어떤 상황에서 불평하거나 걱정하거나 혹은 같은 생각을 반복하면서도 정작 행동으로 옮기지 않나요?

잊어버리기

해야 할 일이나 문제를 잊어버리는 것은 회피의 한 방법일 수 있습니다. 어떤 문제를 '잊어버리고 있다가' 막상 해결할 수 없는 순간이 되어서야 기억한 적이 있습니까? 예를 들면 니나의 한 내담자는 가족과 어려운 전화 통화를 해야 했지만, 아이들을 재우는 중이거나, 업무 회의 중이거나, 전화를 걸기엔 너무 늦은 밤이 되어서야 상대에게 전화해야 한다는 사실을 기억하곤 했습니다.

당신은 해야 할 어떤 일을 '잊어버리고 있다가' 정작 행동할 수 없는 순간에야 떠올린 경험이 있나요?

자기-마비: 음주, 약물, 과잉 섭취 및 사용(음식, TV, 인터넷)

우리는 휴식을 취하고 싶을 때 가끔 아무 생각 없이 할 수 있는 활동을 합니다. 이는 꽤 정상적인 일이며, 때로는 도움이 됩니다. 하지만 이 같은 무의미한 행동이 과도해지거나 해야 할 일이나 문제를 회피하는 수단이 된다면 오히려 역효과를 일으킬 수 있습니다.

당신은 힘든 상황을 피하기 위해 스스로 마비시키는 경우가 있나요?

당신은 어떤 방식으로 스스로 마비시키나요?

지금까지 살펴본 회피 방식들을 다시 한번 살펴보세요. 혹시 그 외의 다른 회피 방식이 떠오른다면, 아래에 적어 보세요.

어려움에 직면하기

이제는 그동안 회피해 왔던 상황을 직면하도록 구체적인 계획을 세울 때입니다. 이 방법은 생각보다 강력한 기분 향상 전략이 될 수 있습니다. 처음에는 부담스럽게 느껴질 수 있지만 일단 시작하면 생각보다 쉽게 해낼 수 있습니다.

예를 들면, 에드는 다시 차를 관리해야겠다고 결심했지만 항상 다른 일이 생기거나 '깜빡 잊어버리는' 일이 반복되었습니다. 그래서 그는 구체적인 계획을 세웠습니다. 토요일 오후 2시를 세차하는 시간으로 정하고, 스케줄러에 '세차하기'라고 기록하고, 매주 토요일 1시 45분에 휴대전화 알림이 울리도록 설정했습니다. 한편, 마야는 해야 할 과제 채점을 미루고 밤마다 넷플릭스 시리즈를 정주행하며 스스로 마비시키고 있었습니다. 그래서 그녀는 일주일에 세 번, 매일 밤 다섯 개의 과제물을 채점하기로 계획을 세웠습니다.

이제 당신이 피하고 있는 두세 가지 상황을 적어 보세요. 앞서 정리한 회피 요인들을 다시 활용해도 좋습니다. 그리고 이 상황을 직면할 구체적이고 실현 가능한 계획을 세워 보세요. 이 계획은 일상의 일부가 될 수 있어야 하며, 반드시 첫 번째 실행 단계를 정하는 것이 중요합니다.

활동 계획: 나의 어려움에 직면하기				
내가 할 일	내 계획은	첫 번째 단계	내가 마주칠 장애물	장애물 대처 방법
	☐ 구체적인가? ☐ 실현 가능한가? ☐ 일상생활에 통합 되는가?			
	☐ 구체적인가? ☐ 실현 가능한가? ☐ 일상생활에 통합 되는가?			
	☐ 구체적인가? ☐ 실현 가능한가? ☐ 일상생활에 통합 되는가?			
	☐ 구체적인가? ☐ 실현 가능한가? ☐ 일상생활에 통합 되는가?			

당신이 세운 계획을 성공적으로 실행하는 모습을 상상해 보세요. 계획을 실행하는 자신의 모습을 가능한 한 세세하게 떠올려 보세요. 이제 상상 속에서 자신을 격려해 주세요. '회피하는 패턴을 직면하는 것은 쉽지 않지만, 이렇게 계획을 세운 것만으로도 정말 잘한 일이야!'라고 말해 주세요. 심호흡하고 다시 한번 자신에게 말해 주세요. '나는 할 수 있어!' 그런 다음 계획을 수정하고 싶은 부분이 있는지 살펴보세요. 변경하고 싶은 점이 있다면, 그 변화가 적용된 모습을 상상해 보세요. 그 후 한 번 더, 그리고 다시 한번 연습해 보세요.

이제 진짜로 계획을 실행할 준비가 되었습니다. 먼저 첫 번째 단계를 완료한 후, 3장의 '나의 기분 평가하기' 워크시트를 사용해 자신의 기분을 평가하고 잠시 자축하는 시간을 가지세요. 마지막으로 회피하는 대신 삶의 어려움을 직면하는 것이 얼마나 뿌듯하고 기분 좋은 일인지 스스로 느껴 보세요.

문제에 대한 해결책 찾기

삶은 때때로 매우 복잡하고 어려울 수 있습니다. 어떤 때는 어떻게 대처해야 할지 몰라 상황을 피하고 싶은 유혹에 빠지기도 합니다. 예를 들면, 마야에게는 어머니의 유산과 관련된 재정적 문제를 처리하고 오랜 친구에게 연락하는 것이 그랬습니다. 우리는 우리가 직접 통제할 수 없는 어려운 상황에 직면하기도 합니다. 만성 질환, 가까운 사람과의 관계 상실, 사회적 차별 등을 경험합니다. 이런 상황에서 중요한 질문은 '어떻게 반응하고 상황을 관리할 것인가?'입니다.

어려운 상황에 직면했을 때 우리는 문제 해결의 함정에 빠져 종종 비효율적인 문제 해결책을 반복적으로 시도하기도 합니다. 이 섹션에서는 검증된 연구 결과(Cuijpers et al. 2020)를 바탕으로 한 문제 해결 접근법problem-solving approach을 알려드리고자 합니다. 이 방법은 문제에서 한 걸음 물러나 다른 관점으로 문제를 바라보고, 이전에는 생각하지 못했던 해결책을 찾는 데 도움이 될 것입니다.

문제 해결에는 6단계가 있습니다. 이를 기억하기 위해 다음과 같은 우스꽝스러운 문구를 사용할 수 있습니다. "IBC와 PPE가 나를 도울 수 있다!"(이 문구가 굉장히 우습다는 걸 알고 있습니다. 그래도 마음에 듭니다!).

I = 문제 파악하기(Identify a problem)
B = 다양한 해결책 브레인스토밍하기(Brainstrom different solutions)
C = 시도할 해결책 선택하기(Choose a solution to try)
P = 해결책 계획하기(Plan your solution)
P = 해결책 실행하기(Proceed with your solution)
E = 결과 평가하기(Evaluate)

문제 파악하기

해결할 문제가 많더라도 한 번에 *한 가지* 문제에만 집중하는 것이 중요합니다. 여러 문제를 동시에 해결하려고 하면 오히려 더 복잡해집니다.

마야는 우울증으로 인해 연락이 끊긴 오래된 친구 샤론과 다시 연락하는 문제에 집중하기로 했습니다. 6개월 전에 샤론에게서 몇 차례 메시지가 왔지만, 마야는 한 번도 답장하지 않았습니다. 이제 와서 먼저 연락하려니 어색하고 불편한 기분이 들었습니다.

이제 당신 차례입니다. 그동안 회피했지만 해결하고 싶은 문제를 하나 떠올려 보세요. 그 문제를 해결하고 싶다면, 우선 쉬운 문제 중에서 중간 난도의 문제를 선택하세요. 문제 해결 방법에 익숙해지면, 더 어려운 문제에도 이 접근법을 적용할 수 있습니다.

아래에 당신의 문제를 적어 보세요.

다양한 해결책 브레인스토밍하기

문제 해결 접근법의 다음 단계는 가능한 해결책을 브레인스토밍하는 것입니다. 브레인스토밍을 진행할 때는 *떠오른 아이디어를 평가하지 말고* 가능한 한 다양한 해결책을 떠올립니다. 아이디어가 좋든, 나쁘든, 터무니없든, 훌륭하든 지금은 중요하지 않습니다. 나중에 평가할 기회가 있겠지만, 지금은 아닙니다. 비현실적이거나 불가능해 보이는 해결책이라도 포함해 보세요. 이런 아이디어가 기존의 틀을 깨고 새로운 해결책을 찾는 데 도움이 될 수 있습니다. 때로는 터무니없는 아이디어와 현실적인 해결책을 결합하면 놀랍도록 창의적이고 효과적인 해결책이 나올 수도 있습니다.

어떤 때는 해결책은 물론이고 터무니없는 아이디어조차 떠올리기 어려울 수도 있습니다. 다음은 새로운 아이디어를 떠올리는 데 도움이 되는 질문들입니다. '브레인스토밍 질문' 워크시트를 활용해 먼저 앞에서 파악한 문제에 집중하고 그 문제에 대한 모든 질문에 답해 보세요. 답변이 중복되더라도 괜찮으니 걱정하지 마세요. 예시로 마야의 답변을 제공합니다.

<table>
<tr><th colspan="2">브레인스토밍 질문</th></tr>
<tr><td colspan="2">【문제】 마야: 6개월 동안 무시했던 샤론과 다시 연락하기
나:</td></tr>
<tr><td rowspan="2">이 문제를 해결할 다른 방법은 무엇입니까?</td><td>마야: 샤론에게 메시지를 보내 어떻게 지내는지 물어본다. 샤론의 페이스북을 확인하고, 어떻게 지내는지 살펴본다.</td></tr>
<tr><td>나:</td></tr>
</table>

과거에는 비슷한 상황에서 어떻게 해결했습니까?	마야: 친구에게 메시지를 보내 안부를 묻고, 메시지에 답장하지 못해서 미안하다고 말하고, 함께 만나자고 제안했다.
	나:
이런 문제가 있는 다른 사람(가까운 친구나 친척)에게 어떤 제안을 해 볼 수 있습니까?	마야: 친구에게 메시지를 보내 그동안 우울증을 겪었고, 이 때문에 연락이 끊겼다고 솔직하게 말하라고 제안할 것 같다.
	나:
나를 아끼는 사람에게 이런 문제가 있다는 사실을 안다면 어떤 조언을 해 줄 것 같습니까?	마야: 샤론의 페이스북 페이지를 확인하고 메시지를 남겨 보라고 제안할 것 같다.
	나:
내가 무시하고 있는 정보 중 도움이 될 만한 것이 있습니까?	마야: 샤론은 오랫동안 좋은 친구였고, 내가 우울증을 겪었다는 사실을 이해해 줄 것이다. 아마 나를 만나고 싶어 할 것이다.
	나:

문제가 되는 상황 중 내가 절대 바꿀 수 없고 받아들여야 하는 측면이 있다면, 어떤 대처 전략을 생각해 볼 수 있습니까?	마야: 6개월 동안 연락하지 않아서 샤론이 화낼 수도 있다는 사실을 받아들여야 한다. 이 상황에 잘 대처하기 위해서는 샤론이 화를 낸다고 해서 세상이 끝난 것은 아니며, 아마 시간이 지나면 괜찮아질 거라고 스스로 상기시킬 수 있다. 나는 이 상황을 너무 개인적으로 받아들이지 않으려고 노력한다. 샤론에게 다시 연락하지 못한 건 내가 나쁜 사람이어서가 아니라 우울했기 때문이라고 생각할 것이다.
	나:
만약 나의 핵심 가치에 따라 행동한다면 어떤 해결책이 떠오릅니까?	마야: 나는 우리의 우정을 정말 소중히 여기고 있으며, 샤론에게 연락하고 싶다.
	나:
도움이 될 만한 조언을 구할 사람이 있습니까?	마야: 잘 모르겠다. 아마도 샤론을 만난 적 있는 내 사촌이 좋은 아이디어를 줄 수 있을 것 같다.
	나:

위 질문들에 대한 대답을 바탕으로 가능한 해결책을 적어 보세요. 비현실적이거나 엉뚱한 해결책도 포함한다는 것을 잊지 마세요.

시도할 해결책 선택하기

마야는 자신이 작성한 해결책 목록을 보며 어느 것을 선택해야 할지 확신이 서지 않았습니다. 니나는 마야에게 '장단점 비교하기' 워크시트를 보여 주었습니다. 이 워크시트는 브레인스토밍을 통해 도출한 해결책 중 자신에게 가장 적합하다고 생각되는 것을 두세 가지 선택한 뒤, 각각의 장단점을 분석하는 방식으로 구성되어 있습니다.

마야는 다음의 세 가지 해결책을 선택했습니다.

(1) 샤론의 페이스북을 확인하며 근황 파악하기
(2) 샤론에게 우울증을 겪고 있음을 메시지로 전하고, 만나자고 제안하기
(3) 샤론에게 그동안 바빴다는 메시지를 보내고, 연락하지 못한 것에 대해 미안함을 전한 후 만나자고 제안하기

다음은 마야의 '장단점 비교하기' 워크시트입니다.

장단점 비교하기		
가능한 해결책	장점/이득	단점/손해
1. 샤론의 페이스북 확인하기	- 위험 부담 매우 낮음 - 적어도 시작은 할 수 있을 것 같음 - 샤론의 삶에 어떤 새로운 일이 있는지 알아볼 수 있음	- 샤론과 연락하는 데 도움이 되지 않음
2. 샤론에게 우울증을 겪고 있음을 메시지로 전하고, 만나자고 제안하기	- 샤론은 내가 왜 연락을 끊었는지 이해할 것임 - 샤론은 나에게 공감해 줄 것임	- 샤론에게 내 우울증에 관해 이야기하면 나 자신이 매우 초라하게 느껴질 것 같음 - 샤론이 답장하지 않으면 매우 난처하고 불안할 것 같음
3. 샤론에게 그동안 바빴다고 메시지를 보내고, 연락하지 못한 것에 대해 미안함을 전한 후 만나자고 제안하기	- 위험 부담이 적은 것 같음 - 쉽게 할 수 있음 - 샤론이 답장할 가능성이 높음	- 샤론이 우리가 연락하지 않았던 이유를 이해하지 못하고 답장하지 않을 수도 있음 - 내가 더 일찍 연락하지 않은 것에 화를 낼 수 있음 - 약간 불안할 것 같음

마야는 장단점을 비교한 후 샤론에게 바빴다는 메시지를 보내는 것이 완벽한 해결책은 아니지만 지금까지 생각해 낸 방법 중 가장 낫다고 판단해 이를 시도하기로 했습니다. 또한 샤론과 다시 연락하는 부담을 덜기 위해 먼저 그녀의 페이스북을 확인해 보기로 했습니다.

이제 앞서 당신이 작성한 해결책 목록을 다시 검토하고 그중 두세 가지를 선택하세요. 마야처럼 여러 해결책을 조합하는 것도 좋은 방법입니다. 그런 다음 '장단점 비교하기' 워크시트를 작성해 보세요.

장단점 비교하기		
가능한 해결책	장점/이득	단점/손해

각 해결책의 장단점을 검토해 보세요. 완벽한 해결책을 기대할 필요는 없습니다. 가장 적절한 해결책 또는 시도해 보고 싶은 해결책을 선택하세요. 그런 다음 이제 계획을 세워 봅시다.

해결책 계획하기

가능한 해결책을 선택한 다음 단계는 실행 계획을 수립하는 것입니다. 계획은 구체적이고 실행 가능해야 한다는 것을 기억하세요. 첫 번째 단계를 명확하게 설정하고, 예상되는 장애물에 대비하는 것도 중요합니다. 이제 마야의 해결책을 살펴보겠습니다. 마야는 샤론의 페이스북을 쉽게 확인할 수 있으리라 생각해 이를 실행할 계획을 세웠습니다. 이어서 샤론에게 메시지를 보낼 계획도 세웠습니다.

활동 계획: 문제 해결하기				
내가 할 일	**내 계획은**	**첫 번째 단계**	**내가 마주칠 장애물**	**장애물 대처 방법**
오늘 오후 2시 30분에 샤론의 페이스북 확인하기	☑ 구체적인가? ☑ 실행 가능한가? ☑ 일상생활에 통합되는가?	페이스북에 접속할 정확한 시간 정하기	없음	해당 없음
오후 3시에 샤론에게 메시지를 보내고, 만나자고 제안하기	☑ 구체적인가? ☑ 실행 가능한가? ☑ 일상생활에 통합되는가?	메시지 작성하기	- 불안할 것 같음 - 계획 세우기	내가 이 일을 하고 싶어 하고, 샤론과의 우정을 소중히 여긴다는 것을 스스로 상기시키기

이제 당신의 해결책을 계획할 차례입니다. 이 단계는 완전히 수행하기 어려울 수도 있습니다. 스스로 조금 밀어붙여야 할 수도 있지만, 일단 한 번 계획을 세우면 실행 가능성이 훨씬 높아질 것입니다. 당신이 선택한 해결책을 실행하기 위한 '활동 계획: 문제 해결하기' 워크시트를 작성해 보세요.

이제 잠시 시간을 내어 당신의 계획을 머릿속으로 검토해 보세요. 편안하게 앉아서 계획을 한 단계씩 실행하는 모습을 가능한 한 구체적으로 상상해 보세요. 성공 가능성을 높이기 위해 추가로 할 수 있는 일이 있는지 스스로 질문해 보세요. 만약 성공에 도움이 될 만한 요소가 있다면 계획을 수정하고, 머릿속으로 두 번 더 실행해 보세요.

활동 계획: 문제 해결하기				
내가 할 일	내 계획은	첫 번째 단계	내가 마주칠 장애물	장애물 대처 방법
	□ 구체적인가? □ 실행 가능한가? □ 일상생활에 통합되는가?			
	□ 구체적인가? □ 실행 가능한가? □ 일상생활에 통합되는가?			
	□ 구체적인가? □ 실행 가능한가? □ 일상생활에 통합되는가?			
	□ 구체적인가? □ 실행 가능한가? □ 일상생활에 통합되는가?			
	□ 구체적인가? □ 실행 가능한가? □ 일상생활에 통합되는가?			

해결책 실행하고 결과 평가하기

이제 계획을 실행할 시간입니다. 잊지 마세요. 우울증은 당신이 문제를 회피하게 만들려고 온갖 방법을 동원할 것입니다. 계획을 실행하는 데 어려움을 겪을 수 있다는 의미입니다. 그건 정상적입니다. 그러니 그냥 계속 시도하세요!

계획을 실행한 후에는 효과를 평가하는 것이 중요합니다. 때때로 우리의 계획은 일부만 성공하거나 전혀 효과가 없을 수도 있습니다. 대인관계 문제는 해결하기가 어려워 여러 번 시도해야 할 수도 있으니 실망하지 마세요. 결과를 평가하고 계속 시도하는 것이 가장 중요합니다.

마야의 경우, 계획이 순조롭게 진행되었습니다. 샤론의 페이스북을 쉽게 확인할 수 있었고, 샤론에게 문자 메시지를 보내는 것은 여전히 불안했지만 용기를 내어 시도했습니다. 샤론에게서 거의 바로 답장이 왔고, 함께 만나기로 해서 기뻐했습니다. 두 사람은 다음 주에 점심을 함께 먹기로 했습니다.

당신의 계획을 하나의 실험이라고 생각해 보세요. 계획을 실행한 후 그 결과를 평가하는 것이 중요합니다. 어떻게 진행되었나요? 문제를 직면하고 해결할 수 있었나요? 그렇다면 축하합니다! 같은 방법을 사용해 삶의 다른 문제들도 해결할 수 있을 것입니다. 만약 계획이 원하는 대로 진행되지 않았다고 해도 실망하지 마세요. 대신 자신에게 몇 가지 질문을 던져 보세요.

계획의 어떤 부분이 잘 진행되었나요?

______

______

______

계획 중 잘 진행되지 않은 부분은 무엇인가요?

______

계획을 어떻게 개선해서 다시 시도해 볼 수 있을까요?

한 가지 해결책을 시도해 본 지금, 다른 해결책도 시도해 볼 생각이 있나요?

처음 시도한 해결책이 기대만큼 효과적이지 않았더라도 중요한 것은 계속해서 시도하는 것입니다. 우리는 당신이 해낼 수 있다고 믿습니다.

다음 단계는 무엇인가요?

이번 장에서 당신에게 의미 있었던 내용을 돌아보세요. 더 나은 삶을 살고 우울증을 극복하는 데 도움이 될 만한 무언가를 배웠나요?

이번 장에서 의미 있었던 내용을 당신의 삶에 어떻게 적용할 수 있을까요? 계획 세우는 것을 어떻게 느꼈나요?

이번 장에서는 기분을 향상시킬 수 있는 다양한 활동을 알아보고, 이를 일상에 통합하는 것에 대해 집중적으로 다루었습니다. 또 문제를 직면하고 해결하는 방법에 대해서도 논의했습니다. [그림 7.2]는 우리가 다룬 내용을 한눈에 볼 수 있도록 요약한 것입니다.

우리는 먼 길을 왔습니다. 하지만 한 가지 문제가 있습니다. 우울할 때는 무언가를 시작하고 지속할 동기를 찾기가 매우 어렵다는 것입니다. 이것이 바로 우울증이 미치는 영향입니다. 그러나 동기 부여 역시 근육처럼 단련을 통해 강화할 수 있습니다. 다음 장에서는 기분 향상 활동을 더 쉽게 실천할 수 있도록, 당신의 동기 부여 근

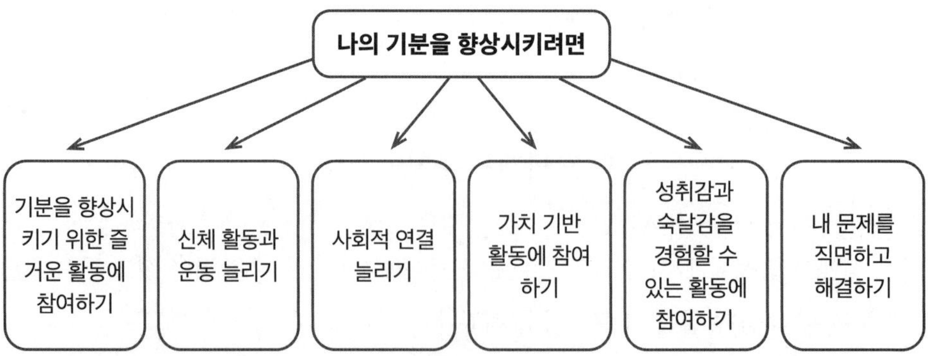

[그림 7.2] 효과적인 기분 향상 활동 개요

육을 강화하는 매우 효과적인 전략들을 소개해 드리겠습니다. 행동 원칙을 사용해 우울증의 무기력을 극복하고 동기를 강화하며 움직이기 시작하는 방법을 알려드릴 것입니다.

BEHAVIORAL

3부

동기 부여를 위한 시작

ACTIVATION

8장
시작을 위한 행동 전략

우울증은 우리의 의욕을 앗아 가고, 무기력하며 피곤하고 무관심한 상태로 만들곤 합니다.

우울증을 겪는 내담자들에게 행동활성화를 소개하면 그들은 종종 "기분을 향상시키는 활동이 나에게 도움이 되리라는 것은 알지만, 시작하려면 동기 부여가 더 필요해요"라고 말하곤 합니다.

동기 부여가 되어야 행동할 수 있다는 생각은 논리적으로 들리지만, 이는 잘못된 인식입니다. 만약 동기 부여가 되었다고 *느낄* 때까지 기다린다면, 아마 오랜 시간 기다려야 할 것입니다! 실제로 우리는 어떤 활동을 시작한 *후에야* 동기가 부여되고 에너지가 증가하는 것이지, 그 반대가 아닙니다. 이것 역시 자기 강화적 순환 과정self-reinforcing cycle입니다. 즉, 활동이 증가하면 동기 부여가 촉진되고, 동기가 증가하면 다시 활동이 늘어나게 됩니다.

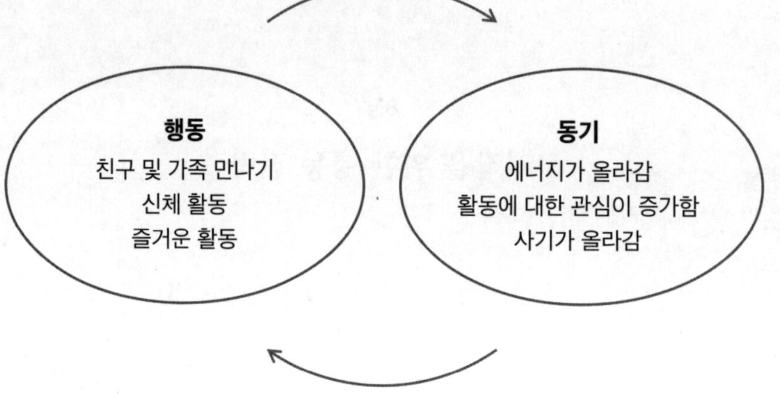

[그림 8.1] 행동과 동기의 긍정적 순환

기분을 좋게 해 주는 기분 향상 활동을 약이라고 생각해 봅시다. 우리는 몸이 아플 때 '오늘 약을 먹고 싶은 기분인가?'라고 스스로 묻지 않고, 그냥 약을 먹습니다. 기분 향상 활동도 마찬가지입니다. 많은 내담자가 스스로 이렇게 말하는 것이 도움이 된다고 합니다. "그냥 해! 우울한 감정이 나를 좌지우지하게 두지 마. 동기가 부여될 때까지 기다리지 마. 그냥 해!"

당신은 어떤가요?

그동안 시작하기 어려웠던 기분 향상 활동 중 하나를 선택하세요. 그 활동을 실행하겠다고 다짐해 보세요. 자신 있게 서서 정면을 바라보고, 자신의 계획을 소리 내어 선언해 보세요. 이 계획을 포스트잇에 적어 냉장고에 붙이거나, 휴대전화 배경 화면으로 설정하거나, 혹은 아래에 적어 보세요.

나의 계획은 ____

____ 이다.

이것이 바로 당신의 '기다리지 말고 그냥 해!' 계획입니다.

동기 부여가 낮은 시간대 공략하기

사람의 동기 부여 수준은 하루 동안 변합니다. 우울증을 겪는 대다수 사람에게 아침 시간은 무언가를 시작하기 매우 어려운 시간대입니다. 에드는 아침에 눈을 뜨면 침대에 누운 채 점점 더 우울한 기분을 느꼈고, 그러다 보니 하루를 시작하기가 점점 더 어려워졌습니다. 어떤 사람들에게는 오후나 저녁 시간이 '아무것도 하지 않는' 우울한 패턴에 빠지는 시간대가 되기도 합니다. 이때 당신이 할 수 있는 최선의 방법은 이러한 시간대를 파악하고 미리 계획을 세우는 것입니다.

에드는 동기 부여가 가장 낮은 시간대인 아침 시간을 공략하기 위해 계획을 세웠습니다. 그의 계획은 침대에 누워 반추하는 대신 알람 소리에 따라 일어나는 것부터 시작했습니다. 그는 알람이 울리면 이불을 걷어차고 일어나기로 결심했습니다. 그 후, 세수와 양치를 하고 모닝커피를 마시기로 했습니다.

다시 말씀드리지만, 핵심은 그냥 몸을 움직이는 것입니다! 몸을 움직일 수 있는 어떤 활동이든 하세요. 완벽할 필요는 없으며, 현재 당신의 상황에 맞는 작은 변화부터 시작하면 됩니다. 예를 들어, 에드는 원래 아침 9시에 일어나면 10시까지 계속 침대에 누워 있었습니다. 마음 같아서는 더 일찍 일어나고 싶었지만, 우선 9시 15분에 알람을 맞추었습니다.

하루 중 동기 부여가 낮은 시간대에 할 수 있는 간단한 시작 활동get-going activities을 추가하면, 남은 하루 동안 더 많은 에너지를 느끼고 동기가 부여될 수 있습니다.

당신은 어떤가요?

하루 중 동기 부여 수준이 가장 낮은 당신만의 시간대를 찾아보세요. 아래에 '동기가 낮은 시간대 공략하기' 워크시트가 있습니다. 이 워크시트를 활용해, 스스로 갇힌 듯 느껴지는 시간대에 동기 부여를 높이는 활동을 계획해 보세요. 이 활동은 거창하거나 복잡할 필요가 없습니다. 그냥 몸을 움직일 수 있는 활동이라면 무엇이든 괜찮습니다! 중요한 것은 하루 중 힘든 시간대를 위한 매우 구체적인 계획을 세우는 것입니다.

이제 실험해 보세요. 이 워크시트를 활용해 활동을 시작하기 전과 후의 동기 부여 수준을 기록해 보세요. 아래에 에드의 예시가 있습니다.

변화를 관찰해 보세요. 조금이라도 동기 부여가 되었나요?

동기가 낮은 시간대 공략하기			
동기가 낮은 시간	**시작 활동**	**활동 전 동기 수준** 1(매우 낮음)~ 10(매우 높음)	**활동 후 동기 수준** 1(매우 낮음)~ 10(매우 높음)
아침, 침대에 누워 있을 때	- 침대에서 벗어나기 - 세수하기 - 양치하기 - 커피 한 잔 마시기	3	6

몸을 조금이라도 움직인다면 어떤 활동이든 동기가 증가한다는 것을 기억하세요. 그저 몸을 움직이게 만드는 것이 중요합니다. 이 같은 동기 부여 활동 자체가 매우 중요하거나 의미 있는 것은 아닐 수 있지만, 당신이 아주 작은 움직임이라도 만들어 낸다면 그것만으로도 충분히 좋은 출발이 될 수 있습니다.

작고 실행 가능한 단계로 나누기

우울할 때는 기분 향상 활동을 시작하는 것조차 벅차게 느껴집니다. 아주 사소한 일이나 문제도 크고 복잡하게 느껴질 수 있습니다. 부담스러운 일을 시작하는 한 가지 방법은 해야 할 일을 훨씬 더 작고 실행 가능한 단계로 나누는 것입니다. 그렇게 하면 각 단계를 논리적인 순서에 따라 하나씩 해낼 수 있습니다. 심리학자들은 이것을 '점진적 과제 할당' 기법이라고 부릅니다.

예를 들어 보겠습니다. 스티븐의 내담자 크리스는 50대 중반으로 지난 1년간 우울증을 겪고 있습니다. 그는 몇 달 동안 집 청소를 미뤄 왔으며, 냉장고를 청소하고 싶었지만 그 과정이 너무 막막하게 느껴졌습니다. 그래서 스티븐과 크리스는 냉장고 청소라는 과제를 실행 가능한 여러 개의 작은 단계로 나누었습니다. 우선 크리스는 키친타월과 세정제를 준비하고 냉장고 안에 있는 버터 보관 칸을 청소하기로 했습니다. 그 후 다른 여러 개의 작은 단계들을 논리적인 순서로 정리했습니다. 각 단계의 작업을 위한 일정을 계획하고 소요 시간도 예상해 보았습니다. 아래 '작은 단계로 나누기' 워크시트에서 크리스의 계획을 확인할 수 있습니다.

작은 단계로 나누기	
활동: 냉장고 청소하기	
작은 단계	**언제? / 소요 시간?**
1. 키친타월과 세정제를 준비한다.	월요일 오후 2시 / 5분
2. 버터 선반에서 버터를 꺼낸다. 선반을 깨끗이 청소하고 버터를 제자리에 둔다.	월요일 오후 2시 15분 / 10분
3. 음식물 쓰레기통을 준비한다.	화요일 오전 10시 / 5분
4. 채소 보관 칸에서 음식물을 꺼내고, 오래되거나 상한 음식은 쓰레기통에 버리고, 보관 칸을 깨끗이 청소해서 신선한 음식을 다시 넣는다.	화요일 오전 10시 15분 / 15분

5. 상단 선반에서 음식물을 꺼내고, 오래 되거나 상한 음식은 쓰레기통에 버리고, 선반을 청소해서 신선한 음식을 다시 넣는다.	수요일 오후 2시 / 15분
6. 하단 선반에서 음식물을 꺼내고, 오래 되거나 상한 음식은 쓰레기통에 버리고, 선반을 청소해서 신선한 음식을 다시 넣는다.	목요일 오전 9시 / 15분

우울할 때는 사소한 일상 활동조차 거대하고 벅차게 느껴질 수 있습니다. 크리스는 처음에 냉장고 청소가 굉장히 벅차다고 느꼈습니다. 하지만 단계별로 세분화하자 감당할 수 있을 것처럼 느껴졌고, 이 일을 시작할 동기가 생겼습니다.

그다음 주에 크리스는 버터 선반을 깨끗이 청소했고, 심지어 냉장고의 다른 일부도 조금 청소했습니다. 스티븐과 크리스는 남은 작업도 실행 가능한지 확인했습니다. 냉장고 청소를 시작한 것이 실제로 크리스의 기분을 향상시켜 주었고, 다른 과제를 시도해 볼 동기를 높여 주었습니다.

전체 작업을 한꺼번에 계획하는 것은 어렵습니다. 때로는 처음 몇 단계를 계획한 후 이를 완수하고, 그다음 단계를 차례로 계획하는 것이 더 쉬울 수 있습니다.

당신은 어떤가요?

크고 벅차게 느껴져 시작하기 어려운 활동, 과제, 목표 등을 하나 떠올려 보세요. 이제 빈 워크시트를 활용해 이를 작고 실행 가능한 단계로 나누어 보세요. 각 단계를 언제 실행할지 일정도 정하고, 예상 소요 시간도 적어 보세요. 작업을 구체적인 단계로 나누었을 때 동기 부여가 더 잘 이루어지는지도 확인해 보세요. 반드시 전체 작업을 미리 계획할 필요는 없습니다. 처음 몇 단계만 계획해도 괜찮습니다!

작은 단계로 나누기	
활동:	
작은 단계	언제? / 소요 시간?

이제 첫 번째 단계부터 시작해 보세요. 첫 단계를 완료하면 스스로 격려하며 '다음 단계는 무엇인가?'라고 자문해 보세요. 그런 다음, 이후 단계를 실행하세요. 어느새 예상했던 것보다 훨씬 더 많은 일을 해내고 있는 자신을 발견하게 될 것입니다!

정적 강화 활용하기

심리학에서는 어떤 활동 후 긍정적인 일이 일어나면, 그 활동을 다시 수행할 가능성이 커진다고 봅니다. 이를 '정적 강화positive reinforcement'라고 합니다. 예를 들어 어떤 일을 마친 후 누군가가 포옹해 주거나, '잘했어!'라고 칭찬해 주거나, 보너스를 받거나, 인정받는 느낌이 들면 그 활동이 긍정적으로 강화되는 것입니다. 이런 경험은 그 일을 다시 하고 싶다는 동기를 강화할 가능성이 매우 큽니다. 심지어 비슷한 유형의 활동에 참여하고 싶어질 수도 있습니다.

하지만 다른 사람들이 우리의 동기를 긍정적으로 강화해 주는 것을 항상 기대할 수는 없습니다. 그렇다면 우리가 스스로 보상하는 방법을 배워야 합니다. 이제 기분 향상 활동, 특히 스스로 동기를 부여하기 어려운 활동을 지속할 수 있도록 동기 부여를 높이는 방법을 알아보겠습니다.

마야는 친구들과 더 자주 만나고 외출하면 우울증에 도움이 되리라고 생각했습니다.

하지만 이유를 정확히 알 수는 없지만 친구들에게 만나자고 메시지를 보내는 것조차 너무 어렵게 느껴졌습니다. 니나는 마야에게 정적 강화에 관해 설명해 주었습니다. 마야는 이 방법에 호기심을 보이며 정적 강화가 정말 자신의 동기를 높일 수 있는지 직접 시도해 보기로 했습니다.

마야는 친구 조앤에게 안부를 묻고 커피를 마시자고 제안하는 메시지를 보내기로 했습니다. 니나는 마야에게 조앤에게 문자를 보낸 뒤 연락할 용기를 낸 자신에게 줄 수 있는 보상을 정해 보자고 제안했습니다. 마야는 처음에는 좋은 보상을 쉽게 떠올리지 못했지만, 곰곰이 생각한 끝에 두 가지 보상을 정했습니다. 첫째는 자신에게 응원의 메시지를 보내는 것이었습니다. 이를테면, '어려운 도전을 해냈어! 정말 잘 했어!'라고 스스로 격려하는 메시지를 작성하는 것입니다. 둘째, 좋아하지만 가격이 부담되어 자주 즐기지 못했던 스페셜티 커피를 자신에게 선물하기로 했습니다.

다음 상담 시간에 마야는 조앤에게 연락했고, 다음 주에 커피를 마시기로 했다고 기쁜 소식을 전했습니다. 마야는 긍정적 보상을 기대하는 것이 동기를 높이는 데 도움이 되었다고 했습니다. 또 조앤의 긍정적인 반응과 자신이 준 보상 덕분에, 다른 친구들에게도 연락할 용기가 생겼습니다.

당신은 어떤가요?

이제 정적 강화를 사용해 동기를 높이는 방법을 살펴보겠습니다.

먼저, 행동활성화 계획에 포함하고 싶은 활동을 하나 찾아보세요.

그런 다음, 이 활동에 참여한 자신에게 보상할 방법을 생각해 보세요. 아래 목록을 참고해 아이디어를 얻어도 좋습니다. 보상은 최대한 구체적이고 실질적인 것이어야 합니다. 자신이 정말 좋아하는 것, 기분이 좋아지는 것, 혹은 특별한 의미가 있는 것을 정적 강화물로 선택하세요. 이는 칭찬과 격려의 말일 수도 있고, 소소한 선물이 될 수도 있습니다.

다음은 정적 강화의 몇 가지 예시입니다. 추가로 고려할 만한 것이 있는지 살펴보세요.

- 평소 시간이 없어서 하지 못했던 재미있는 일 하기
- 좋아하는 식당에서 맛있는 식사 즐기기
- 좋은 차, 커피, 핫초코 한 잔 즐기기
- 거품 목욕 하기
- 초콜릿이나 사탕 먹기
- 좋아하는 카페에서 스페셜티 커피 마시기
- 영화 보러 가기
- 좋아하는 TV 시리즈 시청하기
- 일찍 잠자리에 들기
- 여행 경비 통장에 저축하기
- 비디오 게임 즐기기
- 마사지 받기

- 자유시간 갖기
- 거울을 보며 자신에게 "잘했어!"라고 말해 주기

또 무엇이 있나요? 잠시 시간을 내어 자신에게 줄 수 있는 다른 강화물을 적어 보세요.

___

___

___

기분 향상 활동 후 자신에게 보상을 제공하면, 삶에서 긍정적인 강화의 총량이 증가합니다. 이는 동기를 높이고, 전반적으로 기분을 더 좋게 만들어 줄 것입니다!

프리맥 원리 활용하기

프리맥 원리(Herrod et al. 2022; Premack 1959)는 정적 강화와 유사하지만 독특한 방식이 추가된 기법입니다. 이 원칙은 다음과 같이 작용합니다. 먼저 중요하다는 것을 알고 있지만 그다지 동기 부여가 되지 않는 활동을 파악합니다. 반대로 자주 하고 있고, 비교적 즐겁거나 편안하게 느껴지는 활동을 찾습니다. 예를 들면 좋아하는 드라마 보기, 저녁 식사하기, 비디오 게임 하기, SNS 하기 등이 있습니다. 그런 다음 자주 하는 즐거운 활동을 하기 어려운 활동과 연결해 활용합니다. 즉, 즐거운 활동을 '보상'으로 설정하고, 먼저 해야 할 일을 끝낸 후 즐기는 것입니다.

프리맥 원리를 활용하면, 그동안 시작하기 어렵거나 회피해 왔던 행동활성화 과제를 완료한 후 주기적으로 즐겨 왔던 즐겁고 유쾌한 활동을 하게 할 수 있습니다. 즉, 이미 정기적으로 수행하고 있는 즐거운 활동에 대한 동기를 '빌려와서' 어려운 일을 시작하는 것입니다.

이제 스티븐이 프리맥 원리를 어떻게 활용했는지 예시를 소개하겠습니다. 스티븐은 잔디 깎는 일을 하나의 '집안일'로 생각해 매우 귀찮아했습니다. 한편, 열렬한 풋

볼 팬이라서 매주 일요일 오후 1시에는 NFL 경기를 꼭 시청했습니다. 그래서 스티븐은 스스로 약속했습니다. 일요일에 풋볼 경기를 보기 전에 먼저 잔디를 깎겠다고 말이죠. 결과는 어떠했을까요? 잔디를 깎았습니다! 그러자 경기를 마음껏 즐기면서, 잔디를 깎은 것에 대한 뿌듯함도 느낄 수 있었습니다.

당신은 어떤가요?

이제 당신이 프리맥 원리를 직접 실천해 볼 차례입니다. 차근차근 따라가 보세요. 먼저, 당신이 해야 하지만 동기 부여가 잘되지 않았던 중요한 활동을 떠올려 보세요. 이를 '시작하기 어려운 활동'이라고 부르겠습니다. 이 활동은 앞서 이야기한 기분 향상 활동 중 하나일 수 있습니다.

시작하기 어려운 활동: ______________________________

둘째, 평소에 자주 하면서 즐겁다고 느끼는 활동을 찾아보세요. 이를 '자주 하면서 즐거운 활동'이라고 부르겠습니다.

자주 하면서 즐거운 활동: ______________________________

셋째, 자주 하면서 즐거운 활동을 하기 전에 반드시 시작하기 어려운 활동을 먼저 하겠다고 스스로 다짐하세요. 우리는 이를 '우선-그다음' 약속이라고 부릅니다. 스티븐의 경우에는 '*우선* 잔디를 깎고, *그다음* NFL 풋볼 경기를 본다'는 것이었습니다. 니나의 경우, '*우선* 아침에 15분 동안 운동을 하고, *그다음* 커피를 마신다'라고 스스로 약속했습니다. 이 방법은 정기적으로 즐기는 활동이 즐거울수록 더 효과적입니다.

당신의 '우선-그다음' 약속을 적어 보세요: ______________________________

네 번째이자 마지막으로, 시작하기 어려운 활동을 실행할 계획을 세워 보세요.

프리맥 원리를 활용해 기분 전환 활동을 시작할 수 있었나요? 그렇다면 축하합니다! (참고로, 이 말 자체가 정적 강화입니다.) 프리맥 원리를 실천할수록 중요한 활동을 시작하는 일이 점점 더 쉬워질 것입니다. 실천하지 못했더라도 걱정하지 마세요. 이건 말처럼 쉬운 일이 아니며, 특히 우울할 때는 더 쉽지 않기 때문입니다. 중요한 것은 계속 시도하는 것입니다. 또 작은 것부터 시작하세요. 시작하기 어려운 활동을 실행 가능하도록 만들고, 첫 번째 단계가 명확하게 잘 계획되어 있는지 확인하세요.

다음 단계는 무엇인가요?

이번 장을 다시 한번 검토해 보세요. 당신의 동기를 높이는 데 어떤 내용이 도움이 되었나요? 우리가 다룬 전략 중 어떤 전략에 가장 공감하나요?

[그림 8.2]는 우리가 다룬 내용을 요약한 것입니다. 이 장에서 소개한 방법 중 어떤 아이디어를 당신의 삶에 적용해 보고 싶나요? 계획을 세워 보세요.

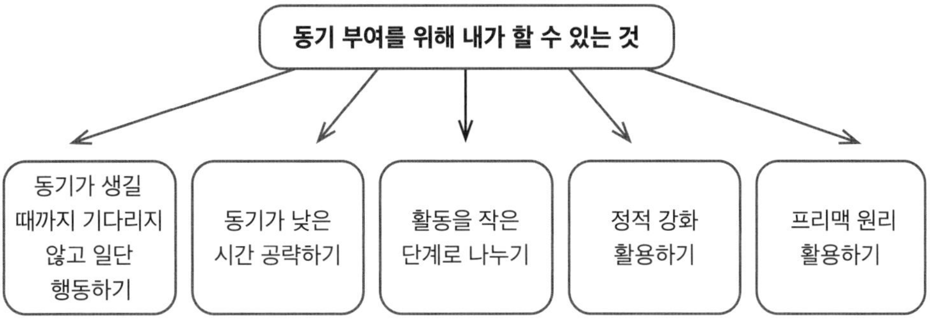

[그림 8.2] 동기 부여를 위한 활동 전략

다음 장에서는 당신의 사고방식이 우울증과 동기 부족으로 어떻게 이어지는지 살펴보겠습니다. 그런 다음, 동기를 부여하며 행동활성화 계획을 실천하고 지속할 수 있도록 돕는 사고 패턴을 어떻게 개발할 수 있는지 알아보겠습니다.

9장
생각을 통한 동기 부여의 촉진과 기분 개선

지금까지 우리의 행동이 기분과 동기에 미치는 영향에 대해 주로 살펴보았습니다. 하지만 우리가 어떻게 생각하는지도 우울증에 큰 영향을 미칩니다. 우울할 때는 부정적인 사고 패턴에 갇히는데, 이는 단순히 기분을 우울하게 만들 뿐 아니라 기분을 향상시킬 긍정적인 행동을 할 동기마저 빼앗아 갑니다.

이제 마야의 동기를 저하시키는 생각 몇 가지를 살펴보겠습니다. 마야는 점심시간에 동료 알리시아와 함께 산책할 계획이었습니다. 그런데 막상 산책 시간이 다가오자 마야는 '할 말이 없겠지', '너무 피곤해', '어차피 산책도 재미없겠지'라고 자신에게 말하기 시작했습니다. 기분이 우울해진 마야는 결국 알리시아에게 문자로 산책을 취소한다고 알렸습니다. 마야의 부정적인 동기 저하 사고가 동료와의 산책을 피하게 만드는 중요한 역할을 했습니다. [그림 9.1]은 마야의 동기 저하 사고가 어떤 방식으로 우울한 기분과 동기 부족에 갇히는 악순환의 고리를 만들었는지 보여 줍니다.

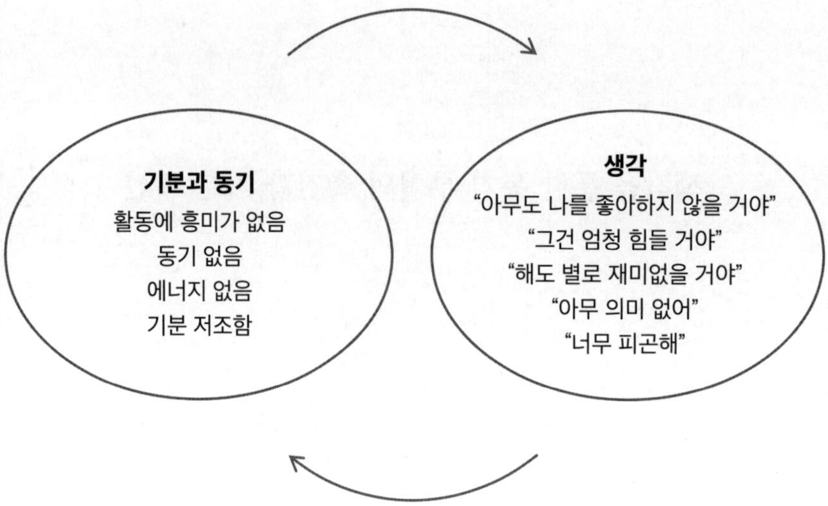

[그림 9.1] 부정적인 생각과 낮은 동기/기분의 악순환

이 장에서는 동기를 저하시키는 생각을 인식하고 그에 맞서는 방법, 그리고 이를 기분을 향상시키고 행동활성화 계획을 실행할 동기를 부여하는 생각으로 변화시키는 방법을 살펴보겠습니다.

동기를 저하시키는 사고의 함정 알아차리기

우울은 거짓말을 합니다. 변화는 불가능하고, 미래는 완전히 절망적이며, 우리는 부적절한 존재라고 말입니다. 이러한 생각은 사실이 아닐 뿐 아니라 도움이 되지 않습니다. 이런 생각은 우리를 슬프게 하고, 절망감을 느끼게 하고, 동기를 상실하게 만듭니다(Joesfowitz and Myran 2021).

우울이 만들어 내는 동기 저하 거짓말은 '인지 왜곡' 혹은 '사고의 함정'이라고 부르는 일정한 패턴을 보입니다. 우울증과 관련된 사고의 함정은 여러 가지가 있지만, 우리로 하여금 더 나은 삶을 향해 발걸음을 내딛지 못하게 하는 다섯 가지 함정에 초점을 맞추겠습니다. '운명 예측하기fortune-telling', '재앙화catastrophizing', '독심술mindreading', '당위적 진술should statements', '감정적 추론emotional reasoning'입니다. 이러한 함정을 하나씩 살펴보면서 당신의 사고 패턴에 이러한 함정이 있는지 점검해 보시길 바랍니다.

운명 예측하기

'운명 예측하기'에 빠지면 미래가 어떻게 될지 확신할 수 있다고 믿으며, 그 미래는 부정적일 것이라고 단정하게 됩니다. 이러한 사고의 함정에 빠지면 어떤 기분 향상 활동을 시도해도 즐겁지 않고, 아무리 노력해도 기분이 좋아지지 않을 것이라고 생각하거나, 무엇을 하더라도 결국 미래는 실패와 불행으로 가득할 것이라고 믿게 됩니다. 운명 예측하기는 절망감과 무기력으로 이어집니다. 이러한 생각이 기분 향상 활동에 대한 동기를 어떻게 심각하게 저하시키는지 쉽게 이해할 수 있습니다.

당신의 삶에서 운명 예측의 예시를 생각해 보고, 아래에 적으세요.

재앙화

운명 예측하기는 종종 '재앙화'라고 불리는 또 다른 사고의 함정과 함께 나타납니다. 재앙화에 빠지면 최악의 시나리오가 실현될 가능성이 매우 높다고 여기며, 실제로 그것이 발생하면 세상의 종말처럼 끔찍한 일이 일어날 것이라고 믿습니다. 예를 들면 한 번이라도 실수하면 사람들이 모두 나를 무시하고, 학교생활은 완전히 실패할 것이며, 직장을 잃게 될 것이라고 단정하는 식입니다. 많은 사람이 재앙화 사고에 빠질 때 그 일이 실제로 벌어지는 모습을 생생하게 상상하기도 합니다. 재앙화는 두려움과 무력감을 불러일으켜 마비되고 압도당한다는 느낌을 갖게 함으로써 순식간에 동기가 사라지게 합니다.

살면서 재앙화를 경험한 적이 있나요? 아래에 적어 보세요.

독심술

독심술에 빠지면 마치 다른 사람의 감정과 생각을 *정확하게* 알고, 그 사람들이 나에 대해 부정적으로 생각하고 있다고 간주하게 됩니다. 예를 들면 아무 근거 없이 다른 사람의 행동을 나를 좋아하지 않거나 나와 함께 있고 싶지 않다는 의미로 해석하면서, 다른 의미로 해석될 가능성(이것이 더 옳은 해석일지라도)은 무시합니다. 독심술은 다른 사람과의 사회적 연결이 요구되는 기분 향상 활동에 참여할 동기를 크게 저하시킵니다.

삶에서 독심술을 사용해 본 예시를 생각해 보고, 아래에 적으세요.

당위적 진술

우울할 때 우리는 종종 당위적 사고를 하게 됩니다. '운동을 더 자주 해야 해', '친구에게 전화해야 해', '잔디를 깎아야 해'라는 생각은 이러한 행동을 반드시 수행해야 할 도덕적 의무로 여기게 만듭니다. 만약 하지 못하면 실패자, 패배자, 나쁜 사람으로 판단합니다. 당위적 사고는 활동을 즐겁거나 유익하게 느끼기보다 *의무적으로 해야 하는* 부담스러운 일로 전환시켜 동기를 잃게 만듭니다. 대부분 사람은 자신이 '해야 한다'라고 말하는 것을 좋아하지 않으며, 이 말은 오히려 그 반대의 행동을 하고 싶게 만듭니다! 이는 우리 자신에게 '해야만 한다'라고 말할 때도 마찬가지입니다. 참으로 동기 부여를 방해하는 생각입니다.

살면서 당위적 진술처럼 생각해 본 경험이 있나요? 아래에 적어 보세요.

감정적 추론

감정적 추론은 어떤 것이 사실이라고 *느껴지면* 그 느낌이 곧 사실이라고 믿는 잘못된 사고방식입니다. 예를 들어, 우울할 때 너무 피곤해서 아무것도 할 수 없다고 *느끼면 실제로* 아무것도 할 수 없는 상태라고 단정하는 것입니다. 그러나 이는 대부분 사실이 아닙니다. 우리는 매우 피곤하다고 느껴도 많은 일을 해낼 수 있으며, 앞서 보았듯이 일단 몸을 움직이기 시작하면 피로감이 줄어드는 경향이 있습니다!

한번 실험해 보세요. 먼저 자신이 얼마나 피곤한지, 에너지 수준은 어느 정도인지 1부터 10까지의 점수로 평가해 보세요. 이제 책을 내려놓고 일어나세요. 그런 다음 가볍게 스트레칭을 합니다. 어깨를 돌리고 발뒤꿈치를 들어 보세요. 몇 번 반복합니다. 무릎을 구부려 보아도 좋습니다. 가볍게 점프해 볼까요? 한 번 더 점프하거나, 방안을 가볍게 걸어 보는 것도 좋습니다. 발가락을 만져 보세요. 이제 다시 얼마나 피곤한지, 에너지가 얼마나 있는지 평가해 보세요. 변화가 느껴지나요? 에너지 수준이 달라지지 않았더라도 피곤함 때문에 아무것도 할 수 없다는 뜻은 *아니라는 걸* 스스로 증명한 것입니다. 어쩌면 이제 조금 덜 피곤하다고 느낄지도 모릅니다.

삶에서 감정적 추론을 해 본 경험이 있나요? 아래에 적어 보세요.

당신은 어떤가요?

이제 당신의 동기를 저하시키는 생각을 찾아볼 차례입니다. 가장 쉬운 방법은 계획을 세웠지만 회피했거나 동기 부여에 어려움을 겪었던 특정한 기분 향상 활동을 떠올리는 것입니다. 마야의 예시를 읽고 '그때 무슨 생각이 스쳤길래 이 활동을 시작하기가 어려웠던 걸까?'라고 스스로 물어보세요. 그런 다음, 떠오르는 생각을 최대한 많이 아래에 적어 보세요.

마야의 기분 향상 활동: 목요일 밤에 아이들과 보드게임 하기
마야의 머릿속에 스친 생각: '별로 재미없을 거야', '아이들은 나랑 게임 하는 걸 좋아하지 않을 거야', '너무 피곤해' 등

나의 기분 향상 활동: ____________________

내 머릿속에 스친 생각: ____________________

____

____

____

____

이제 파악한 생각을 살펴보고 이들이 사고의 함정에 해당하는지 확인해 보세요. 아래 '사고의 함정 파악하기' 워크시트를 활용하길 바랍니다. 마야의 대답 몇 가지를 예시로 작성해 두었습니다. 한 번에 두 가지 이상의 사고의 함정에 빠질 수 있다는 점을 명심하세요. 당신의 생각이 정확히 어떤 사고의 함정에 속하는지 잘 모르거나, 여기서 다룬 사고의 함정 중 하나에 정확하게 들어맞지 않아도 괜찮습니다. 중요한 것은 우울증에 동반되는 생각과 당신의 동기를 약화시키는 생각의 존재를 알아차리는 것입니다.

사고의 함정 파악하기 (운명 예측하기, 재앙화, 독심술, 당위적 진술, 감정적 추론)	
동기를 낮추는 생각	**사고의 함정**
별로 재미없을 거야.	운명 예측하기
아이들은 나랑 게임 하는 걸 좋아하지 않을 거야.	독심술
너무 피곤해.	감정적 추론

동기를 저하시키는 생각에 맞서고 동기를 강화하는 생각 키우기

사고의 함정에 빠지면 우리는 그 생각이 마치 사실인 것처럼 '느껴져서' 그대로 믿는 경향이 있습니다. 하지만 잠시 멈추고 이런 생각을 자세히 들여다보면, 우리에게 전혀 도움이 되지 않을 뿐 아니라 중요한 측면에서 부정확하거나 불안정한 생각이라는 것을 알 수 있습니다. 이제 당신의 동기를 저하시키는 사고 패턴을 점검하고, 동기를 강화하는 생각을 키우는 데 도움이 되는 질문들을 살펴보겠습니다.

이 생각이 나의 동기 부여에 도움이 되나요?

모든 조건이 같다면, 자신의 생각이 도움이 되기를 바랄 것입니다. 만약 어떤 생각이 기분을 가라앉게 하거나 기분 향상 활동에 대한 의욕을 꺾는다면, 그 생각은 그리 도움이 되지 않는 생각일 것입니다. 앞서 살펴본 것처럼 '더 자주 운동해야 해' 같은 당위적 진술은 동기를 낮추는 대표적인 예시입니다. 그렇다면 어떻게 해야 이 생각을 도움이 되는 생각으로 바꿀 수 있을까요? 자신을 조금 더 친절하고 부드럽게 대해 보세요. 그리고 당위적 진술이 아닌 제안하는 표현으로 바꾸어 이야기해 보세요. 예를 들어, 자신에게 '운동을 더 자주 하면 기분이 훨씬 나아질 것 같아'라고 말하는 겁니다. 차이가 느껴지나요? 당위적 진술 '그렇게 하지 않으면 안 돼!', '무조건 해야 해!'라는 생각은 위협처럼 들립니다. 반면 제안하는 표현은 좀 더 부드럽고 훨씬 동기 부여가 되는 긍정적인 효과를 줍니다.

증거는 무엇인가요?

동기 저하 사고는 습관과 매우 비슷합니다. 우리는 그런 사고에 익숙해지고, 그 사고의 정확성을 의심할 생각을 하지 않습니다. 하지만 한 걸음 물러서서 이러한 생각의 증거를 살펴보는 것은 매우 도움이 됩니다. 당신은 자기 생각을 지지하는 증거와 반대하는 증거를 모두 고려해야 합니다. 이를 위한 효과적인 한 가지 방법은 당신의 생각을 마치 법정에서 재판에 부친다고 상상해 보는 것입니다. 당신의 생각을 지지하는 증거는 무엇인가요? 당신의 생각과 반대되는 증거는 무엇인가요? 만약 판사가 양측 증거를 저울질한다면 어떤 판결을 하리하고 생각하나요?

당신의 생각과 반대되는 증거를 떠올리는 일은 특히 어려울 수 있습니다. 이럴 때는 '내가 이런 생각을 하고 있다는 걸 가까운 친구나 가족이 안다면 어떤 반박 증거를 떠올릴까?'라고 자문해 보세요. 또 '아주 사소한 것이라도 동기를 저하시키는 생각을 반박할 만한 증거 중 내가 간과하고 있는 것이 있는가?'라고 스스로 질문해 보세요.

마야는 '별로 재미없을 거야', '아이들은 나와 게임 하는 것을 좋아하지 않을 거야'라는 생각을 재판에 부치기로 했습니다. 그녀는 아이들과 게임을 했던 마지막 때를 기억하며, 모두가 정말 즐거운 시간을 보냈고, 아이들이 또 함께 게임 하자고 요청했던 것을 떠올렸습니다. 사실 아이들과 게임을 해서 즐겁지 않았던 순간이 없었습니다. 마야는 웃으며 자신의 생각에 대한 증거가 많지 않다는 것을 깨달았습니다. 그녀는 '아이들은 나와 게임을 하고 싶어 할 가능성이 크고, 함께 즐거운 시간을 보낼 수 있을 거야'라는 생각이 훨씬 더 균형 잡히고 증거에 부합하다고 판단했습니다. 마야는 그 생각을 적고, 몇 번이고 자신에게 말했습니다. 그러자 놀랍게도 아이들과 보드게임을 하고 싶은 마음이 커지기 시작했습니다.

다른 가능성은 없나요?

어떤 상황을 바라볼 때 다른 방식으로 해석할 수 있는지, 혹은 다른 설명이 있는지를 스스로 물어보는 것은 언제나 유용합니다. 이런 방법은 특히 독심술 같은 사고의 함정에서 벗어나는 데 매우 중요합니다. 예를 들어, 친구가 메시지에 바로 답장을 보내지 않았다고 해서 그 친구가 나를 싫어한다고 성급하게 결론을 내리기보다, *다른 이유가 있는 건 아닌지* 물어보는 것입니다. 친구가 휴대전화를 무음 모드로 해 두었거나, 어디에 두고 잊어버렸을 수도 있습니다. 온종일 회의 중이었을 수도 있겠지요. 어쩌면 친구가 아팠을 수도 있습니다.

또 다른 방법은 절친한 친구가 나에게 뭐라고 말해 줄지, 혹은 내가 친구에게 뭐라고 조언해 줄지 생각해 보는 것입니다.

다른 설명이 있을 수 있다는 사실을 상기하는 것은 타인과의 관계를 유지하는 동기 부여에도 도움이 됩니다. 그리고 이런 대안적인 설명이 실제로 맞는 경우가 생각보다 많다는 사실을 알게 되면 놀랄 것입니다!

당신 차례입니다

이제 동기를 저하시키는 생각에 맞서고, 이를 동기를 강화하는 생각으로 전환하는 것이 어떤 것인지 직접 체험해 보길 바랍니다. 아래 질문들을 따라가며 이 과정을 직접 경험해 보세요.

먼저 최근에 했던 기분 전환 활동 중 의욕이 전혀 없었거나, 너무 피곤하거나, 동기가 부족해서 피하고 싶었던 활동을 하나 떠올려 보세요.

동기 부여가 되지 않는 활동/상황:

그 순간 당신의 머리에 떠오른 동기를 저하시키는 생각을 적어 보세요.

이 생각이 포함될 수 있는 사고의 함정(흑백논리, 독심술 등)을 적어 보세요.

이제 다음 질문을 통해 그 생각에 도전해 보세요.

이 생각이 나에게 도움이 되나요?

이 생각을 지지하는 증거는 무엇인가요?

이 생각을 반박하는 증거는 무엇인가요?

이 상황을 다른 관점으로 바라보는 방법이 있나요?

마지막으로, 이 생각을 나에게 더 유용하고, 한쪽으로 치우치지 않으며, 동기를 더 북돋우는 생각으로 바꾸어 보세요. 자신을 더 친절하게 대하고, 더 따뜻한 시선으로 볼 수 있는 생각을 떠올려 보세요.

생각을 도전적으로 바라보고 변화시키는 것은 어려운 기술입니다. 처음에는 쉽지 않더라도, 연습할수록 점점 더 수월해질 것입니다. 계속해서 연습해 보세요. 반복할수록 점점 더 쉬워질 것입니다.

'멈추게 하는 생각'과 '움직이게 하는 생각'

행동활성화 계획을 시작하기 어려울 때가 있습니다. 우울할 때 우리는 종종 행동하려는 의욕을 잃게 만드는 생각을 자주 하며, 기분을 좋게 하는 활동을 취소하거나 피하고 싶어집니다. 우리는 이를 '멈추게 하는 생각'이라고 부릅니다. 이번 장에서는 반대로 행동활성화 계획을 시작하도록 돕는 생각들을 개발하는 방법을 살펴볼 것입니다. 우리는 이를 '움직이게 하는 생각'이라고 합니다.

다음은 지난 몇 년 동안 내담자들이 행동활성화를 시작하는 데 도움이 된 몇 가지 '움직이게 하는 생각' 목록입니다. 우리는 이를 (1) 행동활성화 계획을 시작하도록 동기를 부여하는 생각, (2) 동기를 저하시키는 우울한 생각과 감정을 다루는 데 도움이 되는 생각 등 두 가지 유형으로 구분했습니다.

행동을 시작하도록 돕는 생각은 다음과 같습니다.

- 나는 계획을 세웠다.
- 일단 첫 번째 단계를 해 보자.
- 5분만 시도해 보자.
- 지금 해야 할 일에 집중하자.
- 완벽할 필요는 없다.
- 한 번에 한 걸음씩 나아가자.
- 다음 해야 할 일은 무엇일까?
- 기분이 좋지 않아도 계획대로 해 볼 수 있다.
- 나는 할 수 있다.
- 무엇을 해야 할지 알고 있다.
- ______________________________
- ______________________________

동기를 저하시키는 생각 및 감정을 다루는 데 도움이 되는 생각은 다음과 같습니다.

- 부정적인 생각에 귀 기울일 필요 없다.
- '이걸 해도 별로 재미없을 거야'라는 건 그저 우울이 하는 말이지, 실제로 그런 건 아니다. 한번 해 보자.
- 우울하다고 해서 꼭 집에만 있어야 하는 건 아니다.
- 나는 계획을 세웠으니, 그걸 지킬 것이다. 다시는 나 자신을 의심하지 않겠다.
- 나는 우리 가족과 나 자신을 소중히 여긴다. 그러니까 기분이 내키지 않아도 삶에 참여하는 것이 중요하다.
- 나의 핵심 가치를 기억하자.
- 너무 피곤하다고 해서 아무것도 못 할 만큼 피곤한 것은 아니다.

-
-

마야는 '움직이게 하는 생각' 목록에서 "'이걸 해도 별로 재미없을 거야'라는 건 그저 우울이 하는 말이지, 실제로 그런 건 아니야. 한번 해 보자"라는 문장이 마음에 들었습니다. 그녀는 오랜 친구들에게 연락하고 싶을 때 이 문장을 떠올리면 도움이 되겠다고 생각했습니다.

이러한 '움직이게 하는 생각'을 다시 살펴보고 그중에서 눈에 띄는 문장과 동기 부여에 도움이 될 만한 문장에 동그라미를 표시해 보세요. 그런 다음 아래 질문들을 자신에게 던져 보세요.

- 만약 내 친구(특정 누군가를 떠올려 보세요)가 같은 상황에 처해 있고 이런 생각을 하고 있다면, 동기 부여를 위해 어떤 말을 해 줄까?
- 이 친구가 나에게 동기를 불어넣어 준다면, 어떤 말을 해 줄까?
- 과거에 나는 비슷한 상황을 어떻게 극복했지?
- 무엇이 나를 행동하게 만들었지?

빈칸에 도움이 될 만한 당신만의 '움직이게 하는 생각' 목록을 만들어 보세요.

핵심 가치를 활용해 '움직이게 하는 생각' 만들기

당신의 핵심 가치를 떠올리는 것은 자신만의 '움직이게 하는 생각'을 확장하는 데 도움이 됩니다. 만약 특정 활동에 대한 동기가 잘 생기지 않는다면, 이 활동이 나에게 왜 중요한지 생각해 보세요. 5장에서 정리한 핵심 가치를 떠올려 보세요. 그중 이 활동과 연관된 것이 있나요? '내 핵심 가치에 따라 행동한다면, 나는 나에게 어떤 말을 해 줄까?' 혹은 '내 핵심 가치를 상기키기기 위해 어떤 말을 할 수 있을까?'라고 스스로 질문해 보세요.

마야와 니나는 마야가 어머니의 유산 정리를 시작하는 것이 왜 중요한지 고민했습니다. 마야는 자신과 가족에 대해 재정적으로 책임감 있는 사람이 되는 것을 핵심 가치로 꼽았습니다. 마야를 움직이게 하는 생각은 '이건 나에게 중요한 일이다', '나는 경제적으로 책임감 있는 사람이 되고 싶다'였습니다. 연관된 핵심 가치를 깨닫게 되자, 어머니의 유산을 정리할 동기가 더 커지는 것을 느꼈습니다. 물론 여전히 그 일이 즐겁지는 않았지만요.

당신 차례입니다

이제 특정 상황에 맞는 '움직이게 하는 생각'을 개발하고 활용하는 연습을 해 봅시다. 먼저, 동기 부여가 잘되지 않는 기분 향상 활동을 찾는 것부터 시작합니다. 이전 장에서 선택한 활동을 다시 사용해도 되고 새로운 활동을 선택해도 괜찮습니다. 아래에 적어 보세요.

___

빈칸에 이 기분 향상 활동을 시작하는 데 도움이 될 만한 움직이게 하는 생각을 몇 가지 적어 보세요. 앞서 제시한 목록 예시에서 선택해도 되고, 스스로 만든 문장이나 자신의 핵심 가치와 관련된 문장을 추가해도 됩니다. 즉, 정말 중요한 순간에 행동해야 할 때 자신에게 하고 싶은 말을 추가할 수도 있습니다.

___

___

___

___

___

작성한 목록에서 당신이 행동활성화 계획을 시작하는 데 정말로 도움이 될 만한 두세 가지 항목을 선택해 보세요. 이 문장들을 메모지에 적어 욕실 거울이나 컴퓨터 화면처럼 자주 볼 수 있는 곳에 붙여 두세요. 이렇게 하면 움직이게 하는 생각을 계속 떠올릴 수 있어, 동기를 유지하고 계획대로 실행하는 데 도움이 됩니다. 또 당신을 행동으로 이끄는 생각을 간단한 문장으로 만들 수도 있습니다. 예를 들어, 에드는 자신만의 움직이게 하는 생각을 '그냥 해!Just do it!'로 정했습니다. 당신도 자신만의 짧고 강력한 움직이게 하는 생각을 만들어 보세요!

연습할수록 나아진다

동기를 저하시키는 생각을 완전히 없애는 것은 불가능합니다. 역설적이게도 특정 생각을 하지 않으려고 애쓸수록 오히려 그 생각이 더 강하게 떠오릅니다! 하지만 사고의 함정을 계속 도전적으로 바라볼수록 그 생각들은 점점 약해지고 설득력을 잃게 됩니다. 그리고 동기 부여가 되는 생각(당신에게 유용하고 어느 한쪽으로 치우치지 않은 생각과 '움직이게 하는 생각')을 반복해서 연습할수록, 그 생각에 귀를 기울이고 실제 행동으로 옮길 가능성이 커집니다.

다음은 유용하고 균형 잡힌 생각과 움직이게 하는 생각을 강화하는 다양한 방법입니다.

- 동기 부여되는 생각을 정기적으로 복습하세요. 매일 특정한 시간을 정해 점검해 보세요. 생각을 메모해 두고, 스마트폰에 저장하거나 알람을 설정해 정기적으로 확인하세요. 어깨를 펴고 당당하게 서서 '움직이게 하는 생각'을 큰 소리로 말해 보세요. (약간 어색할 수 있지만 실제로 해 보면 효과가 있습니다!)
- 기분 전환 활동을 시작할 때, 움직이게 하는 생각을 떠올려 보세요.
- 사고의 함정에 대한 반박 증거를 다시 살펴보세요.
- 사고 함정을 검증하기 위해 작은 실험을 해 보세요. 예를 들면, '너무 피곤하다'라는 생각이 들 때 그래도 활동을 해 보고, 그 후에 에너지 수준과 동기가 어떻

게 변화하는지 관찰해 보세요. 또 '이 일이 끔찍한 결과를 낳을 거야'라는 생각이 들 때, 실제로 그렇게 되는 빈도를 기록해 보세요. 당신이 미래를 예상하는 능력이 생각보다 부정확하다는 사실에 놀랄 것입니다!

- 상상 리허설을 해 보세요. 기분 전환 활동을 하나 정한 뒤, 그 활동을 해야 하는 순간을 상상해 보세요. 사고 함정이 떠오르면 그 생각에 반박하는 증거들을 떠올립니다. 그런 다음, 머릿속으로 움직이게 하는 생각을 반복하세요. 실제로 소리 내어 몇 번 말해 보는 것도 좋습니다. 이제 그 활동을 실제로 하는 자신을 상상해 보세요. 활동을 마쳤을 때, 좋아질 기분을 마음속에 그려 봅니다. 이 과정을 두 번 더 반복해 보세요.

이 연습을 계속하다 보면, 언젠가 더 이상 동기를 찾으려 애쓰지 않아도 자연스럽게 행동으로 옮기는 자신을 발견하게 될 거예요!

다음 단계는 무엇인가요?

이번 장에서는 기분과 동기를 저하시키는 사고 패턴에 집중해 기분과 동기를 저하시키는 사고 패턴을 어떻게 도전적으로 바라볼 것인지, 더 도움이 되고 동기를 높이는 사고를 어떻게 개발할 것인지 다루었습니다.

이번 장에서 배운 내용 중 직접 실천해 보고 싶은 것은 무엇인가요?

다음 주에 당신에게 동기 부여가 될 만한 것은 무엇인가요?

지난주에 행동활성화 활동을 했다면, 그중에 당신의 동기를 유지하는 데 도움이 된 것은 무엇인가요?

동기 부여 전략을 활용할 계획을 세우고 싶은가요?

[그림 9.2]를 보고 생각을 활용해 동기를 높이는 방법을 요약해 보세요.

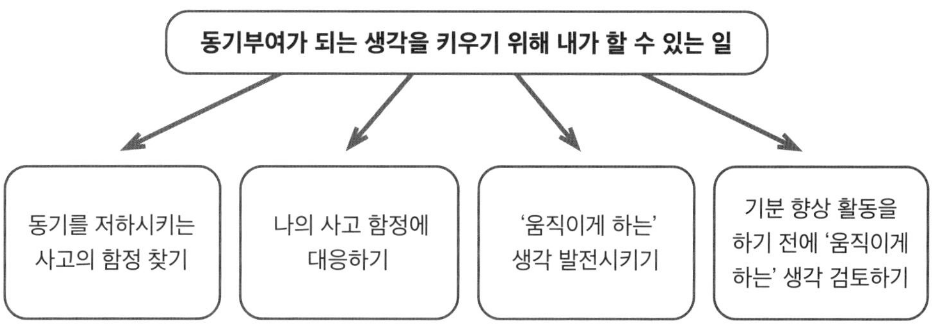

[그림 9.2] 동기 부여가 되는 생각 발전시키기

우울할 때는 무언가를 시작하고 지속하는 것이 어렵습니다. 그런 만큼 변화에는 용기와 결단이 필요합니다. 포기하지 마세요! 당신은 노력할 가치가 있는 사람입니다.

다음 장에서는 마음챙김 기반의 새로운 기술을 소개할 것입니다. 이 기술들은 우울증으로 인해 동기를 저하시키는 생각과 감정을 약화시키는 데 도움이 됩니다. 우리는 이미 수백 명의 내담자에게 이 기술을 가르쳤고, 대부분이 큰 도움을 받았습니다. 당신에게도 분명히 도움이 되리라 믿습니다.

10장

마음챙김으로 동기 부여를 방해하는 생각과 감정 다루기

우울증은 동기를 저하시키고, 기분이 나아지는 데 도움이 되는 행동을 포기하게 합니다. 우울증은 집요합니다. 아무리 행동활성화를 통해 많은 발전을 이루었다고 하더라도, 때때로 동기를 저하시키는 부정적인 생각과 감정을 경험할 수 있습니다. 이런 순간에 '내가 더 할 수 있는 다른 방법이 있을까?'라는 의문이 들 수도 있습니다. 그에 대한 대답은 '그렇다!'입니다. 그 방법은 바로 마음챙김mindfulness이라는 매우 실용적인 도구를 활용하는 것입니다.

마음챙김이란 무엇이며, 어떻게 도움이 될 수 있나요?

간단히 말해 마음챙김은 현재 경험하고 있는 생각, 감정 그리고 감각에 대해 의도적이고 목적 있는 주의를 기울이는 것입니다. 여기서 중요한 점은 마음챙김에는 판단하거나 평가하거나 또는 분석하지 않는 열린 마음과 호기심 어린 태도로 경험하는 것을 그대로 받아들이는 태도를 유지하는 것입니다(Kabat-Zinn 1990). 마음챙김을 실천하면 현재의 경험을 더 수용적인 태도로 바라보게 됩니다. 이를 통해, 생각과 감정을 억

지로 바꾸려 하거나 저항하려는 노력을 멈추고 그저 자연스럽게 흘러가도록 내버려 둘 수 있습니다. 아이러니하게도 부정적인 생각과 감정을 수용하고 이에 덜 저항할수록 그 힘은 점점 약해집니다.

우울할 때는 '아무것도 할 필요가 없어', '나는 완전한 실패자야' 같은 부정적인 생각이 절대적인 진실처럼 머릿속을 맴돕니다. 그와 동시에 우리는 슬픔과 무기력함과 피로감을 강하게 느끼고, 더 나아질 거라고 상상하기 어려울 때가 많습니다. 이때 마음챙김은 부정적인 생각과 감정에서 한 걸음 물러나 거리를 두도록 도와줍니다. 마치 호기심 많은 과학자가 실험을 관찰하듯, 우리 자신의 부정적인 생각과 감정을 그대로 바라보게 도와줍니다. 특히 행동활성화 과정에서 중요한 점은 부정적인 생각과 감정은 반드시 따라야 하는 것이 아니라는 점을 깨닫게 된다는 것입니다. 우리는 자신의 가치와 우선순위에 따라 상황에 자유롭게 대처할 수 있으며, 이렇게 할 때 부정적인 생각과 감정은 우리의 행동을 통제하는 힘을 점점 잃어 갑니다.

간단한 마음챙김 연습하기

이번에는 마음챙김을 직접 경험할 수 있는 간단한 연습을 소개하겠습니다. 아주 간단하고 짧은 시간(최대 5~10분) 동안 진행할 것입니다. 마음챙김이 어떤 것인지 맛볼 수 있는 아주 간단하고 짧은 연습입니다.

먼저 방해 요소가 적은 조용한 장소를 찾으세요. 휴대전화는 방해 금지 모드로 설정하는 것이 좋습니다. 편안한 의자에 앉아 발은 바닥에 두고, 손은 의자나 무릎 위에 올려놓습니다.

자리에 앉은 후 눈을 감는 게 편하다면 눈을 감고, 그렇지 않다면 바닥의 한 지점에 시선을 고정해도 좋습니다. 코로 천천히 숨을 깊이 들이마시고, 잠시 숨을 멈춘 뒤 입으로 천천히 내쉽니다. 호흡을 다시 반복합니다.

그런 다음 자연스럽게 호흡을 이어 가며 숨에 집중합니다. 공기가 코와 비강을 통해 들어오고 폐로 내려갔다가 다시 코로 올라올 때 느껴지는 감각에 주의를 기울입니다. 숨을 들이쉬고 내쉬는 과정에서 몸의 움직임도 느껴 봅니다. 들이쉬는 공기와 내쉬는 공기의 온도 차이를 관찰합니다. 이처럼 호흡에 세심하게 주의를 기울이세요.

호흡에 집중하려고 하는데 다른 생각이 떠오를 수 있습니다. 예를 들어, '오늘 저녁에 뭐 먹지?', '이건 바보 같은 짓이야', '새로온 직원은 왜 나한테 못되게 구는 걸까?' 같은 다양한 생각을 하는 자신을 발견할 수 있을 것입니다. 또 심장 박동을 느끼거나 거리의 소음을 듣는 등 다른 감각이나 감정을 자각하게 될 수도 있습니다. 이때는 잠시 여유를 가지고 마음에 떠오르는 생각, 감정 혹은 감각을 의식 위로 끌어올리세요. 이때 자기 비판이나 판단은 되도록 자제해야 한다는 점을 기억하세요. 그런 다음 이들을 흘려보내고 다시 호흡에 집중하세요. 이 과정을 필요한 만큼 반복하세요. 이는 실제로 연습 과정에서 매우 중요한 부분으로 마음속의 생각과 감정을 흘려보내는 능력, 즉 그것에 사로잡히거나 매몰되지 않고 마음에 스치는 그대로 인식하는 능력을 길러 줍니다.

잠시 연습을 마친 후, 눈을 천천히 뜹니다. 원한다면 가볍게 스트레칭해도 좋습니다. 축하합니다! 방금 간단한 마음챙김 연습을 마쳤습니다.

잠시 돌아보는 시간을 갖겠습니다. 자신에게 물어볼 수 있는 몇 가지 질문을 준비했습니다. 당신의 생각을 빈칸에 적어 보세요.

호흡하는 동안 어떤 감각을 느꼈나요?

호흡에 집중하려고 할 때 무엇을 느꼈나요?

이런 생각과 감정을 인정하고, 그것들을 흘려보내고, 다시 호흡에 집중하려고 할 때

어떤 느낌이 들었나요?

관찰한 다른 내용이 있다면 아래에 추가해 보세요.

마음챙김에 대한 경험은 사람마다 다르며, 옳고 그른 방법이 정해져 있지 않습니다. 그러나 이 간단한 연습으로 당신이 현재의 경험, 즉 호흡을 비롯해 내면에 떠오르는 생각과 감정을 어떤 판단이나 분석이나 반응 없이 단순히 관찰하는 것이 어떤 것인지 어느 정도 느낄 수 있었기를 바랍니다.

어쩌면 '이 연습이 내 우울증과 어떻게 관련이 있나?'라고 궁금해할 수도 있습니다. 당신이 호흡, 생각, 감정과 감각에 반응하지 않고 이를 알아차리기 시작한 것처럼, 부정적인 감정과 생각에도 반응하지 않고 관찰하는 법을 배울 수 있습니다. 이는 일종의 서핑과 같습니다. 부정적이고 동기를 저하시키는 생각과 감정을 거대한 파도라고 한다면, 마음챙김은 그 파도를 타는 것과 같습니다. 그 파도에 저항하거나 무시하거나 도망치려 하기보다는 파도를 타는 방법을 배우는 겁니다.

HUMP와 3개의 N 활용하기

일상생활에 마음챙김을 적용하기 위해 개발된 실용적인 도구인 HUMP와 3개의 N을 소개하고자 합니다. 지난 몇 년 동안 에드와 마야를 비롯한 많은 내담자와 이 도구를 공유해 왔습니다. 당신에게도 이 도구가 도움이 될 것이라고 생각합니다. 이 도구를 사용하면 기분과 동기를 저하시키는 생각과 감정에서 한 걸음 물러나 그것들이 당신에게 미치는 영향을 최소화하도록 대처하는 법을 스스로 상기시킬 수 있습니다.

부정적인 생각과 감정을 자신에게 솔직하게 말하기: HUMP

우리는 생각과 감정을 가지고 있으며, 그 생각과 감정에 반응하기도 합니다. 예를 들면, 에드는 재교육 수업에 참석하는 것에 대한 불안이 자신이 '패배자'임을 의미한다고 믿었고, 이 생각은 수업을 그만두고 싶게 만들었습니다. 마야는 *자신이 절대로 나아지지 않을 것*이라는 생각을 사실로 단정 지었고, 그로 인해 기분이 더 나빠졌습니다. 자신의 생각과 감정에 대해 스스로 어떻게 말하는지는 우리에게 큰 영향을 미치며, 그에 반응하는 방식에도 영향을 줍니다. 이 장에서는 부정적인 생각과 감정에 대한 네 가지 중요한 진실에 대해 다룰 것입니다. 그런 다음, 이러한 진실이 우리의 생각과 감정에 어떻게 반응하는지에 대한 함의를 살펴보겠습니다.

[H] 그것들은 무해합니다(Harmless) 우울함과 동기 부여를 방해하는 생각 및 감정에 대해 알아야 할 첫 번째 사실은 그것들이 전혀 해롭지 않다는 점입니다. 결국 그것들은 생각과 감정에 불과합니다. 때때로 불쾌하거나 심지어 고통스러울 수도 있지만, 본질적으로 위험하거나 해롭지는 않습니다. 물론 부정적인 생각과 감정에 따라 행동하면 상당한 문제가 발생할 수 있습니다. 예를 들면, 에드는 재교육 과정을 시작하는 것에 대해 불안한 감정을 느꼈습니다. 만약 에드가 불안에 따라 행동했다면 수업 참석을 포기했을 것이고, 이는 그의 미래 계획을 망쳤을 것입니다. 그러나 마음챙김 접근법을 활용한 에드는 불안한 감정이 불쾌하긴 했지만, 해롭거나 위험하지는 않음을 인정했습니다. 그는 불안하다고 느끼면서도 수업을 계속 듣기로 했고, 실제로 그렇게 행동했습니다.

[U] 그것들은 쓸모없습니다(Useless) 동기를 저하시키는 우울한 생각에 대한 두 번째 진실은 그러한 생각은 실질적인 목적을 지니지 않는다는 점입니다. 이 생각들은 쓸모가 없습니다. 더 나은 삶을 살아가는 데 도움이 되지 않으며, 위험으로부터 보호해 주

지도 않고, 유용한 지침이나 방향을 제시해 주지도 않습니다. 단지 동기를 저하시키고, 행동으로 옮길 경우 멈추게 할 뿐입니다. 예를 들면, 마야는 친구들과 다시 연락하고 지내고 싶어 했습니다. 그리고 '나는 절대 나아지지 않을 것이다'라는 생각이 그 목표를 달성하는 데 도움이 되지 않는다는 사실을 깨달았습니다. 쓸모없는 생각일 뿐이었습니다.

당신의 모든 생각과 감정이 쓸모없다는 이야기가 아닙니다. 결코 그렇지 않습니다. 정상적인 상황에서 생각과 감정은 우리에게 안전하고 효과적이며, 의미 있는 방식으로 세상을 헤쳐 나가는 데 도움이 되는 중요한 정보를 제공합니다. 그러나 우울할 때는 많은 생각과 감정이 단순히 우울증의 반영에 불과하며, 그것들이 유용하게 작용하는 것을 방해합니다.

[M] 그것들은 무의미합니다(Meaningless) 동기 부여를 방해하는 생각과 감정은 무해하고 쓸모없을 뿐 아니라 의미도 없습니다. 즉, 우리에게 전달하는 내용이 반드시 진실인 것은 아닙니다. 예를 들면, 마야가 했던 '나는 절대 나아지지 않을 것이다'라는 생각은 실제로 마야가 결코 나아지지 않을 거라는 의미가 아닙니다. 단지 생각에 불과하며, *생각은 진실이 아닙니다.* 마찬가지로 에드가 아침에 느낀 무기력과 피로감 또한 그가 침대에서 일어날 수 없다는 의미가 아니었고, 그가 유익한 기분 증진 활동을 할 수 없다는 의미도 아니었습니다. 그의 피로감은 단지 감정일 뿐이며, *감정은 사실이 아닙니다.*

생각은 진실이 아니다.
감정은 사실이 아니다.

[P] 그것들은 지나갑니다(Passing) 모든 생각과 감정에 대해 기억해야 할 가장 중요할 점은 그것은 일시적이며 지나간다는 점입니다. 당신은 결코 영원히 지속되는 생각이나 감정을 경험한 적이 없고, 앞으로도 없을 것입니다! 모든 생각과 감정은 매우 부정적이고 고통스러운 것일지라도 그냥 두면 저절로 왔다가 사라집니다. 역설적이게

도 생각과 감정은 그것을 멈추려고 하거나, 그것들에 집중하거나, 그것에 대해 걱정할 때 지속되는 경향이 있습니다. 부정적인 생각과 감정은 날씨와 같습니다. 항상 변화하며, 오고 갑니다.

당신의 부정적인 생각과 감정의 궤도, 즉 시간에 따른 강도를 그래프로 그려 보면 [그림 10.1]처럼 강도가 점점 세지면서 최고점에 도달했다가 서서히 완화되는 것을 확인할 수 있습니다. 직접 시험해 보세요. 무언가에 크게 동요하는 자신을 발견하면, 그 감정을 잘 살펴보세요. 당신의 감정이 어떻게 쌓여서 최고조에 이르렀다가 저절로 사라지는지 지켜보세요.

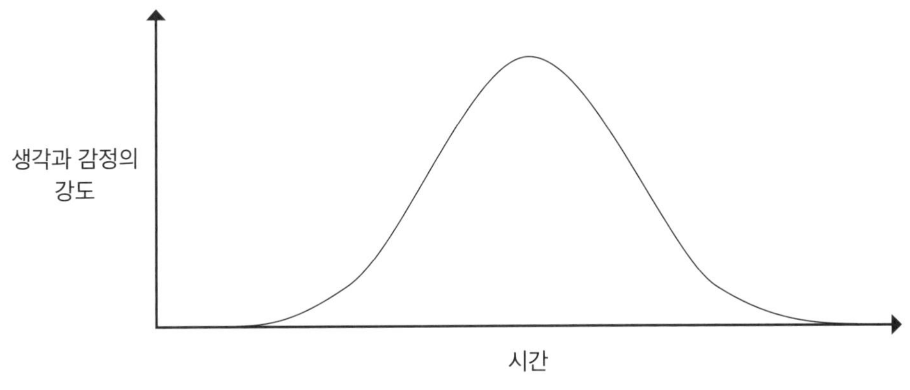

[그림 10.1] 시간의 흐름에 따른 생각과 감정의 궤도

위의 곡선 모양이 낙타의 혹과 비슷하다는 것을 눈치챘을 겁니다. 낙타의 혹 이미지를 활용해 HUMP(무해함, 쓸모없음, 무의미함, 지나감)를 기억하세요!

동기 부여를 방해하는 생각과 감정에 마음챙김으로 대응하기: 3개의 N

부정적인 생각과 감정에 반응해 우울증의 악순환에 빠져드는 대신 마음챙김을 활용해 이에 대응하는 방법을 알려드리고자 합니다. 부정적인 생각과 감정에 마음챙김으로 대응하면, 그 영향력이 점차 줄어듭니다. 이 대응 방법은 세 단계로 이루어져 있으며, 각 단계의 명칭에 모두 'N'이 포함되어 있기에 이를 3개의 N이라고 부릅니다.

[N] 알아차리기(Notice Them) 부정적인 생각과 감정에 마음챙김으로 대응하는 첫 번째 단계는 잠시 멈추어 단순히 그것들을 *알아차리*는 것입니다. 이는 한 걸음 물러서서 자신의 생각과 감정을 관찰하는 것입니다. 마음이 어떤 이미지나 생각을 떠올리는지 주목해 보세요. 몸에서 느껴지는 감각에 집중하세요. 다시 한번, 자신을 호기심과 개방적인 태도로 자신의 경험을 관찰하려는 과학자라고 생각해 보세요. 기억하세요. 당신의 생각과 감정은 날씨처럼 오고 가는 것입니다.

처음에는 부정적인 생각과 감정을 한 걸음 물러서서 관찰하기 어려울 수 있습니다. 그러나 주기적으로 마음챙김을 연습하면 충분히 익힐 수 있는 기술입니다.

[N] 명명하기(Name Them) 동기 부여를 방해하는 생각과 감정에 대응하는 다음 단계는 이들에 *이름을 붙이는* 것입니다. 연구에 따르면, 부정적인 생각과 감정에 이름을 붙이면 그 지배력이 어느 정도 약해진다고 합니다(Torre and Liberman 2018).

우리는 우울한 생각과 감정을 반복적으로 경험하는 경향이 있으므로, 각 생각과 감정에 이름을 붙인 목록을 만들어 두는 것이 좋습니다.

어떤 사람들은 자신의 생각과 감정에 재치 있는 이름을 붙이는 것을 좋아합니다. 예를 들면, 에드는 동기를 잃은 기분이 물방울처럼 느껴져서 '방울 씨Mr. Blob'라는 이름을 붙였습니다. 또 에드는 '그게 무슨 의미가 있지?'라는 동기 부여를 방해하는 생각에도 이름을 붙였습니다. 이는 그의 어머니가 10대 시절 좋아했던 70년대 록 밴드의 이름을 따온 것으로, 바로 '무의미 시스터즈The Pointless Sisters'입니다. 에드는 자신의 생각과 감정에 재치 있는 이름을 붙인 것이 그들에 대해 다른 관점을 갖는 데 도움이 되고, 그것들을 자신과 분리해 인식하는 데 큰 도움이 된다는 것을 알게 되었습니다.

[N] 그냥 두기(Do Nothing About Them) 지금까지 동기 부여를 방해하는 생각들이 무해하고, 쓸모없고, 무의미하고, 저절로 스쳐 지나간다는 사실을 확인했습니다. 그

렇다면 이 생각들에 대응하는 가장 좋은 방법은 무엇일까요? 정답은, *아무것도 하지 않는 것*입니다! 아무것도 하지 않는다는 것은 무엇을 의미할까요? 동기 부여를 방해하는 생각과 감정에 대해 아무것도 하지 않는다는 것이 무슨 말인지 알아보기 위해 '해야 할 일과 하지 말아야 할 일'을 살펴보겠습니다.

먼저, 하지 말아야 할 일부터 살펴보겠습니다. 첫째, 부정적인 생각과 감정을 피하려고 하거나 없애려고 애쓰지 *마세요*. 이 생각과 감정들은 당신의 도움 없이도 저절로 왔다가 사라진다는 사실을 기억하세요. 실제로 부정적인 생각과 감정은 피하거나 없애려고 애쓸수록 의도와는 반대로 더 오래 지속되고 강렬해집니다.

둘째, 동기 부여를 방해하는 생각이나 감정이 당신을 지배하거나 행동을 결정하도록 내버려 두지 *마세요*. 이러한 생각과 감정을 나쁜 조언으로 생각하세요. 예를 들어, 무기력한 느낌('방울 씨Mr. Blob'처럼)이 오후 내내 소파에 앉아 있으라고 말한다면, 그렇게 행동하지 마세요! 부정적인 생각과 감정이 시키는 대로 행동하면, 그것에 필요한 산소를 제공하는 셈이 되어 그들이 계속 존재할 뿐 아니라 더 크게 영향을 미치게 됩니다.

셋째, 동기를 저하시키는 생각과 감정을 분석하거나 이유를 찾으려고 하지 *마세요*. '왜 이런 기분이 드는 걸까?' 혹은 '왜 이런 생각을 할까?'라고 자문하는 것은 별로 도움이 되지 않습니다. 자신의 슬픈 생각과 감정을 알아차리고 받아들이는 것도 중요하지만, 그것에 집중하며 왜 그런 생각을 하는지 파헤치려고 하면 오히려 그 생각과 감정에 더 많은 에너지를 공급할 뿐입니다. 물론 부정적인 생각과 감정에는 이유가 있습니다. 우리가 겪어 온 삶의 고난, 수면 시간, 생화학적 또는 호르몬 변화나 기타 여러 요인과 관련이 있을 수 있습니다. 하지만 그 이유에 집중하는 것은 도움이 되지 않습니다. 실제로 그런 감정이 왜 생겼는지 묻는 것은 그 감정을 느끼지 말아야 한다는 의미를 내포하며, 그런 감정을 느끼면 안 된다고 말하는 것은 오히려 기분을 더 나쁘게 만들 뿐입니다!

그렇다면 아무것도 하지 않기 위해 *해야 할 일*은 무엇일까요? 답은 매우 간단합니다. '내가 지금 이 같은 부정적이고 동기 부여를 방해하는 생각이나 감정에 사로잡히지 않았다면 무엇을 하고 있을까?'라고 자문하는 것입니다. 그리고 실제로 행동으로 옮기세요! 실제로는 지금 부정적인 생각과 감정이 *있더라*도 그런 생각이나 감정이 없었다면 하고 있었을 만한 일을 해 보세요. 이렇게 하면 부정적인 생각과 감정에 좌우되지 않고 당신의 가치에 따라 행동할 수 있습니다. 이것이 바로 긍정적인 의미에서 아무것도 하지 않는 것입니다.

이 같은 부정적인 생각과 감정이 없었다면,
지금 나는 무엇을 하고 있을까?

에드는 아침에 우울한 기분으로 침대에 누워 있을 때 '무의미 시스터즈The Pointless Sisters'가 찾아오자, 아무것도 하지 않는다는 것이 무슨 의미인지 곰곰이 생각해 보았습니다. 그는 '무슨 의미가 있을까?'라는 생각이 들지 않았다면 지금 무엇을 하고 있을지 자문했습니다. 그러고는 자리에서 일어나서 샤워할 거라고 판단했습니다. 그래서 그는 곧바로 욕실로 들어가 샤워했습니다. 에드는 자신의 부정적인 생각을 알아차렸지만 그에 따라 행동하지 않았으며, 동기와 기분을 저하시키는 생각에 대해 아무것도 하지 않았습니다.

부정적인 생각과 감정에 대해 아무것도 하지 않는 것은 쉬운 일이 아닙니다. 용기와 연습이 필요합니다. 좋은 소식은 이 기술은 누구나 충분히 배울 수 있으며, 시간이 지날수록 점점 더 쉬워진다는 것입니다. 기분 향상 활동에 몰두하는 동안 부정적인 생각과 감정이 들어도 스스로 사라진다는 사실을 깨닫고 놀라게 될 것입니다.

마지막으로 한 가지 당부드립니다. HUMP와 3개의 N을 사용하는 것은 부정적이고 동기 부여를 방해하는 생각과 감정을 바꾸거나 없애기 위함이 아닙니다. 이 전략들은 그러한 생각과 감정이 당신에게 미치는 영향력을 약화시키고, 그것들이 당신의 동기를 저하시키거나 좌절하게 하는 데 필요한 연료를 빼앗는 데 목적이 있습니다. 연습할수록 점점 더 쉬워질 것입니다.

HUMP와 3개의 N

나의 부정적인 생각과 감정은

무해하고(**H**armless)
쓸모없고(**U**seless)
무의미하고(**M**eaningless)
지나가는 것이다(**P**assing).

그러니까 나는 그것을

알아차리고(**N**otice them)
명명하고(**N**ame them)
그냥 둔다(Do **N**oting about them).

당신은 어떤가요?

기분을 망치는 생각과 감정에 HUMP와 3개의 N을 적용해 볼 준비가 되었나요? 먼저, 동기를 저하시키는 구체적인 생각이나 감정을 파악하는 것부터 시작해 봅시다. 당신의 동기를 저하시키는 생각이나 감정을 적어 보세요.

이제 동기 부여를 방해하는 생각이나 감정이 무해하고, 쓸모없고, 무의미하며, 스스로 지나갈 것이라는 점을 상기해 보세요. "이 생각(또는 감정)은 무해하고, 쓸모없고, 무의미하고 지나갈 것이다!"라고 소리 내어 말하는 것이 때로는 도움이 됩니다.

지금 이런 생각이나 감정을 경험하고 있다면, 그것을 진리나 변하지 않는 현실로 여기지 말고, 단지 내가 겪고 있는 일로 바라보도록 노력해 보세요. 판단하거나 평가하지 말고, 그저 *알아차리세요*.

이제 그 생각이나 감정에 이름을 붙여 보세요. 에드는 자신의 생각을 '무의미 시스터즈The Pointless Sisters', 감정을 '방울 씨Mr. Blob'라고 불렀습니다. 빈칸에 당신의 생각이나 감정에 붙일 이름을 적어 보세요.

부정적이고 동기 부여를 방해하는 생각이나 감정을 알아차리고 이름을 붙였으면, 이제 그것에 대해 아무것도 하지 않기로 선택할 수 있습니다. 만약 그 생각이나 감정에 따라 어떤 식으로든 행동하고 싶은 유혹을 느끼더라도 하지 마세요! 그 생각이나 감정에 대해 어떤 식으로 반응하거나, 그것을 회피하거나 없애려 하거나, 왜 그런 기분이나 생각이 드는지 알아내려는 모든 시도를 멈추세요! 그 대신 자신에게 물어보세요. '만약 나에게 부정적이고 동기 부여를 방해하는 감정이 없다면, 지금 무엇을 하고 있을까?' 그리고 당신의 대답을 적어 보세요.

이제 당신이 하고 싶은 것은 무엇이든지 해 보세요. 동기 부여를 방해하는 생각과 감정은 무해하고, 쓸모없고, 무의미하고, 스스로 지나가기 때문에 기분 향상 활동을 하는 데 방해받을 필요가 없음을 기억하세요. HUMP와 3개의 N 연습으로 당신의 삶이 얼마나 달라질 수 있을지 잠시 떠올려 보세요. 이 사실이 당신에게 해방감을 주고 힘을 실어 줄 수 있기를 바랍니다.

다음 단계는 무엇인가요?

이 장에서는 마음챙김의 개념을 소개하고, 동기 부여를 방해하는 부정적인 생각과 감정에 대한 힘을 줄이는 데 사용할 수 있는 마음챙김 기반 도구인 HUM와 3개의 N을 소개했습니다. 이 장에서 가장 공감한 부분은 무엇인가요?

앞으로 다가올 상황 중 이 접근법이 유용할 만한 상황을 찾아보고, 그 상황에서 어떻게 HUMP와 3개의 N을 사용할 수 있을지 적어 보세요. 그런 상황이 실제로 일어나는 모습을 상상하고, 그 상황에서 HUMP와 3개의 N을 사용하는 자신의 모습을 그려 보세요.

지금까지 동기를 부여하고 기분을 개선하는 데 도움이 되는 활동을 하지 못하도록 방해하는 생각과 감정에 대처하는 데 사용할 수 있는 여러 가지 강력한 전략을 살펴보았습니다. 이 전략들은 [그림 10.2]에 요약되어 있습니다.

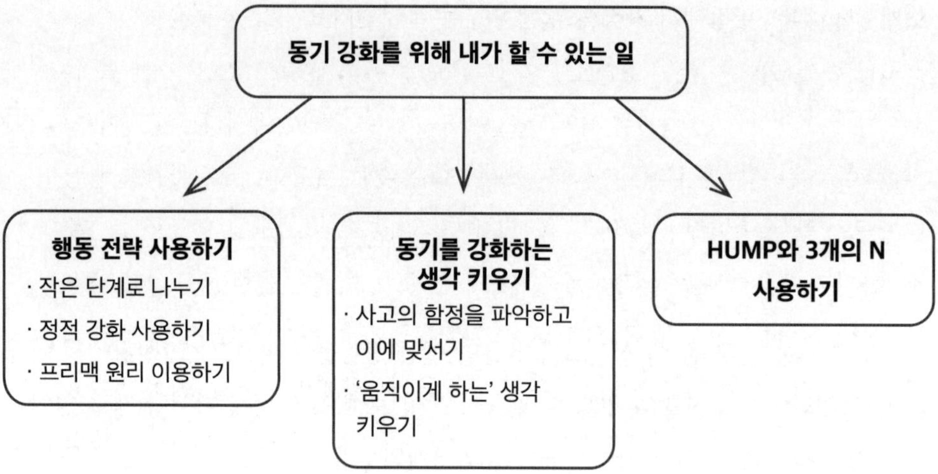

[그림 10.2] 동기 강화 전략 개요

다음 주에는 무엇을 시도해 보고 싶은가요?

____

____

____

____

우울증에서 벗어나 더 나은 삶을 만들기 위해 중요한 단계를 거쳐 온 자신에게 축하와 응원의 말을 전해 주세요.

다음 장에서는 우울증에 굴복하지 않고 삶을 이어 가기 위해 지금까지 이룬 성과를 유지하는 데 도움이 되는 여러 가지 전략을 집중적으로 살펴볼 것입니다. 그리고 마지막 장에서는 우울증을 극복하고 삶에서 진정한 행복과 웰빙을 누리는 방법을 탐구할 것입니다.

4부

지금까지의 성과를 유지하고 그 이상 달성하기

11장
우울-저항적 삶 유지하기

우울-저항적 삶depression-resistant life을 유지하기 위해서는 건강한 생활 습관을 기르는 것이 중요합니다. 이는 일반적으로 기분을 북돋우는 행동과 자기 관리를 포함한 활동을 정기적으로 실천하는 것을 의미합니다. 이제 자기 관리를 어떻게 하면 일상의 일부로 만들고, 감정적 안정과 심리적 회복력을 키울 수 있는지 자세히 살펴보겠습니다.

건강한 식단 따르기

신체 건강을 유지하는 것은 행복하고 만족스러운 삶과 우울-저항적 삶의 핵심 열쇠 중 하나입니다. 앞서 운동과 신체 활동이 기분과 전반적인 정신 건강에 미치는 영향에 대해 논의한 바 있습니다. 규칙적인 신체 활동을 유지하는 것은 우울을 예방하고 삶의 즐거움을 극대화하는 매우 효과적인 방법 중 하나입니다.

우리의 건강을 유지하는 데 중요한 요소인 음식은 우울증 발병 가능성에도 영향을 미칩니다(Li et al. 2017). 신선한 과일과 채소, 통곡물, 생선 그리고 기타 천연 식품natural food을 충분히 섭취하고 단 음식이나 고도로 가공된 식품과 붉은 육류의 섭취를 최소화하는 것은 신체 건강 유지뿐 아니라 우울증을 경험할 확률을 낮추고 심리적 회복력을 유지하는 데도 효과적입니다.

우울증 예방 식단은 미국 및 캐나다의 식품 가이드라인과 거의 동일합니다. 가이드라인을 한번 살펴보고, 당신의 식단에 변화를 줄 필요가 있는지 확인해 보세요. 캐나다 가이드라인은 https://food-guide.canada.ca/en/에서 확인할 수 있으며, 미국 가이드라인은 https://www.fao.org/nutrition/education/food-dietary-guidelines/regions/countries/united-states-of-america/en/에서 확인할 수 있습니다. 식단을 조금만 바꿔도 정신 건강을 유지하는 데 큰 변화를 가져올 수 있습니다.

충분한 숙면 취하기

수면은 우울-저항적 삶을 유지하는 중요한 요소입니다. 우울증은 종종 우리의 수면에 부정적인 영향을 미치지만, 반대로 수면의 질이 좋지 않거나 수면이 부족하면 기분이 저조해지고 다시 우울에 빠지기 쉬운 상태가 됩니다. 사람마다 차이가 있지만 전문가들은 대부분 성인에게 평균 7~9시간의 수면이 필요하다는 데 동의합니다(Hirshkowitz et al. 2015).

수면 장애는 매우 복잡한 문제이며, 따라서 종합적인 평가와 전문적인 치료가 필요할 수 있습니다. 만약 지속적으로 수면에 어려움을 겪거나 항상 졸리고 개운하지 않다면, 수면 문제를 전문적으로 다루는 의료 전문가와 상담할 것을 권장합니다.

심리학자들은 규칙적으로 숙면할 가능성을 극대화하기 위해 취할 수 있는 여러 가지 수면 개선법을 밝혀냈습니다(Manber and Carney 2015). 다음의 제안 사항을 살펴보고, 당신에게 도움이 될 만한 방법을 찾아보세요.

규칙적인 수면-기상 루틴 만들기

매일 밤 비슷한 시간에 잠자리에 들고, 매일 아침 비슷한 시간에 일어나도록 노력하세요. 우리의 몸과 뇌는 규칙적인 생활 패턴을 선호하며, 규칙적인 수면-기상 패턴을 설정하면 숙면하는 데 도움이 됩니다. 자신의 생체 시계를 조절하는 연습을 해야 합니다.

낮잠 제한하기

낮잠은 즐거운 시간이 될 수 있고, 많은 문화권의 사람들이 규칙적인 낮잠을 즐깁니다. 그러나 너무 오래 자거나 너무 늦은 시간에 낮잠을 자게 되면, 규칙적인 수면-각성 주기를 방해할 위험이 있습니다. 낮잠을 자고 싶다면 이른 오후에 최대 30분 정도 자는 것이 좋습니다. 그렇게 하면 밤에 충분히 피곤해져서 숙면할 준비가 될 것입니다.

카페인과 술 조심하기

카페인은 숙면을 방해하는 주범이 될 수 있습니다. 커피, 차, 핫초코, 탄산음료, 에너지 드링크, 초콜릿 바 등 여러 음식과 음료에 카페인이 함유되어 있습니다. 수면에 어려움을 겪는다면, 잠들기 몇 시간 전부터 카페인 섭취를 줄이거나 완전히 끊는 것도 방법입니다. 어떤 사람들은 잠자리에 들기 직전에 카페인을 섭취해도 수면에 전혀 영향을 받지 않습니다. 일부 문화권에서는 밤에 꼭 커피를 마시기도 합니다. 하지만 어떤 사람들은 카페인이 몸에서 완전히 배출되기까지 최대 10시간이 걸리기도 합니다. 불행하게도 니나는 '커피를 마시면 잠이 깨는' 사람입니다. 가끔 친구들과 저녁에 만나 카푸치노를 한 잔 마시고는 새벽 3시에 뒤척이며 '다시는 자기 전에 커피를 마시지 않겠어'라고 다짐하곤 합니다. 당신은 어떤가요? 카페인이 당신의 수면에 어떤 영향을 미친다고 생각하나요?

술은 어떨까요? 취침 전에 술을 마시면 졸음을 유발해 잠드는 데 도움이 될 수도 있습니다. 그러나 알코올은 일찍 잠에서 깨게 하고, 수면을 불안정하게 만들 수 있습니다. 알코올 섭취량을 줄이면서 수면에 어떤 변화가 있는지 확인해 보세요.

취침 전에는 가볍게 먹기

잠들기 직전에 과식하면 수면 주기에 방해받을 수 있습니다. 만약 수면에 문제가 있다면 식사 시간을 앞당겨 보세요. 하지만 취침 직전에 아주 가벼운 간식을 먹는 것은 괜찮으며 오히려 도움이 될 수도 있습니다.

편안한 취침 루틴 만들기

편안한 취침 루틴은 몸에 '이제 쉴 시간'이라는 신호를 보내는 역할을 합니다. 많은 사람이 자기 전에 휴대전화와 컴퓨터를 보면서 시간을 보내면 신경이 예민해지고 잠들기 어려워진다고 느낍니다. 따라서 잠들기 한두 시간 전에는 휴대전화를 끄는 것도 좋은 방법입니다. 또 자기 직전에 격렬한 운동을 하면 각성 상태가 되어 숙면을 방해할 수 있으므로 피하는 것이 좋습니다.

수면 친화적인 환경 조성하기

사람은 어둡고 조용하며 적절한 온도의 환경에서 더 잘 쉴 수 있습니다. 만약 주변이 시끄럽다면, 백색 소음 기계나 선풍기를 이용해 소음을 차단해 보세요. 침실이 너무 밝다면 수면 안대를 착용하는 것이 도움이 됩니다.

침대를 수면과 연관 짓기

몸이 침대를 '잠자는 공간'으로 인식하게 하는 것이 중요합니다. 이를 위해, 침대에서는 수면과 성관계를 제외한 다른 활동은 아무것도 하지 않아야 합니다. 침대에서 책을 읽거나 TV를 보거나 음식을 먹으면, 침대를 수면과 연관 짓는 뇌의 능력이 약해질 수 있습니다. 또 밤에 20분 이상 잠들지 못하고 깨어 있다면 침대에서 일어나세요. 잠이 올 때까지 책을 읽거나, 십자말풀이를 하거나, 음악을 듣는 등 편안하고 즐거운 활동을 한 뒤 다시 침대로 돌아가세요. 한밤중에 침대에서 일어나기가 어렵게 느껴질 수 있지만, 침대를 오직 '수면을 위한 장소'로 훈련하는 것이 매우 중요합니다.

숙면하지 못해도 당황하지 않기

불안하거나 걱정이 많으면 수면에 심각한 방해를 받을 수 있습니다. 만약 어떤 상황 때문에 걱정되거나 속상해 한밤중에 잠에서 깬다면 몇 차례 숨을 깊이 들이쉬고 내쉬어 보세요. 그리고 조용히 자신에게 말해 주세요. '지금은 문제를 해결할 시간이 아니야.' 걱정되는 내용을 메모해 두면 아침에 다시 떠올릴 수 있습니다. 잠시 걱정을 내려놓고, 자신이 불안하다는 사실을 인정하되 '아침에 해결할 수 있어'라고 다독여 주세요. 다시 한번 심호흡을 깊게 하고, 부드럽고 자비로운 목소리로 '괜찮아, 그냥 다시 잠들면 돼'라고 말하세요. 가이드 명상이나 이완 연습을 들으며 마음을 다른 방향으로 돌리는 것도 좋은 방법입니다.

많은 사람이 한 번 잠들면 깨지 않아야 한다고 스스로 너무 많은 압박을 가합니다. 또 어떤 사람들은 '바로 잠들지 않으면 내일 끔찍한 하루를 보내게 될 거야'라고 말합니다. 또 다른 사람들은 '오늘 밤 7시간을 자지 못하면 나는 다시 무너지고 우울해질 거야'라고 걱정합니다. 사실 우리 몸의 대부분은 단기간의 적은 수면만으로도 충분히 기능할 수 있습니다. 역설적이게도 수면에 대해 걱정하면 오히려 잠들기가 어려워지고, 깨지 않고 잠을 자기가 힘들어집니다. 우리 몸은 스스로 필요한 만큼의 수면을 취할 능력이 있습니다. 그러니 걱정하지 말고 몸을 믿어 보세요. 그러면 저절로 잠에 빠져들 것입니다!

당신은 어떤가요?

이번 장에서는 '수면 자가 평가' 워크시트를 제공합니다. 3장에서 직장에서 성희롱당했던 에바를 기억하나요? '수면 자가 평가' 워크시트를 작성해 본 결과, 에바는 잠들기 전에 자신을 위로하기 위해 야식을 먹기 시작했고, 그로 인해 지나치게 배부른 상태로 잠자리에 들고 있다는 사실을 깨달았습니다. 잠을 잘 자지 못하니 만성적으로 피로를 느꼈고, 낮 동안 마시는 커피의 양도 늘었습니다. 심지어 오후 4시에 커피를 마시는 습관까지 생겼습니다. 또 잠자리에 들기 직전에 하루 일을 곱씹으면서 남편에게 상사가 얼마나 미운지, 자신이 얼마나 갇혀 있는 느낌이 드는지 등을 이야기하며 시간을 보낸다는 것을 깨달았습니다. 그러다 보니 흥분된 상태로 잠자리에 들었고, 이는 수면에 부정적인 영향을 미쳤습니다. 이에 대해 니나와 에바는 더 나은 취침 전 루틴을 만들기 위해 함께 고민했습니다. 에바는 자기 전 간식을 줄이고, 오후에는 커피를 마시지 않으며, 잠들기 훨씬 전에 하루를 돌아보는 시간을 따로 갖고, 취침 전에는 편안하고 안정적인 활동을 하기로 했습니다. 에바의 수면이 완벽하게 개선된 것은 아니지만, 이러한 변화는 전반적으로 수면을 개선하는 데 도움이 되었습니다.

이제 당신의 수면을 평가할 차례입니다. 먼저, '수면 자가 평가' 워크시트를 살펴보고 자신의 현재 상태를 확인해 보세요. 그런 다음 시도해 보고 싶은 다른 방법을 적어 보세요.

수면 자가 평가		
수면의 질 향상시키기	**나는 어떻게 하고 있나요?**	**다른 어떤 방법을 시도해 볼까요?**
규칙적인 수면-각성 루틴 따르기		
낮잠은 정오쯤 30분 이내로 제한하기		
카페인 제한하기		
음주량 주의하기		
잠들기 전에 가볍게 먹기		

편안한 취침 루틴 개발하기, 잠들기 전에 휴대전화 끄기		
수면 친화적인 환경 조성하기		
침대를 수면과 연관 짓기 (침대에서 식사, 독서, TV 시청 금지)		
20분 이상 잠들지 못하면 침대에서 일어나고, 다시 졸릴 때까지 기다렸다가 잠자리에 들기		

'수면 자가 평가' 워크시트를 살펴보고, 당신의 수면에 가장 큰 변화를 줄 수 있다고 생각되는 한두 가지 사항을 선택해 실행해 보세요. 일주일 동안 새로운 루틴을 시도한 후, 수면에 변화가 있는지 확인하세요.

건강한 수면 습관을 만들고 신체 활동과 올바른 식습관을 유지하는 것은 우울증 재발 위험을 줄이는 데 중요한 기초가 됩니다. 또한 이러한 습관은 행복하고 좋은 삶을 만드는 중요한 요소이기도 합니다. 이런 습관이 일상에 자리 잡게 하길 바랍니다.

우울증에 미리 대비하기: 고위험 상황을 예상하고 계획하기

이 장에서는 우울증이 삶에 자리 잡지 못하도록 돕는 두 가지 전략을 살펴보겠습니다. 첫 번째는 고위험 상황에 대처하는 것입니다.

우리는 저마다 스트레스, 삶의 변화, 갈등, 촉발 요인trigger, 어려움 등 다양한 상황에 놓여 있습니다. 이런 상황들은 과거의 우울했던 시절로 돌아가게 할 가능성을 높이는 '고위험 상황'이 될 수 있습니다. 고위험 상황은 종종 우리의 일상을 방해하며, 긍정적인 기분을 유지하는 활동을 중단하게 만듭니다. 기분이 가라앉으면 에너지와 동기가 점점 줄어들고, 이 상태가 오랫동안 지속되면 우울함을 느끼거나 다시 우울증에 빠질 위험이 커집니다.

따라서 자신에게 해당하는 고위험 상황을 미리 파악하고, 이런 상황이 발생했을 때 효과적으로 대처하는 '실행 계획'을 세우는 것이 매우 도움이 될 것입니다.

고위험 상황 파악하기

자신의 고위험 상황을 파악하려면, 기분이 좋지 않았던 시기를 돌아보세요. 그 당시 삶에서 어떤 일이 있었나요? 아니면 그 이전에 어떤 일이 있었나요? 그 일이 당신의 기분 저하에 영향을 미쳤을 가능성이 있나요? 그런 다음, 이런 상황이 당신의 행동에 어떤 영향을 주었는지, 특히 즐겨 하던 활동의 참여에 어떤 영향을 미쳤는지 살펴보세요.

마야는 이 질문들을 돌아보면서 성적표를 작성할 때마다 기분이 가라앉고 압도당하는 기분을 느꼈다는 사실을 깨달았습니다. 그녀는 그 시기에 운동을 중단하고, 일을 끝내기 위해 늦게까지 깨어 있었으며, 친구들을 덜 만났다는 것을 생각해 냈습니다. 또 우울에 취약하다고 느낀 또 다른 시기는 어머니의 생신이나 어버이날처럼 어머니의 죽음을 떠올리게 하는 날 혹은 그다음 날이었습니다. 그런 날이 다가오면 슬픔이 더 깊은 우울증을 촉발하는 것 같았습니다.

고위험 상황은 반드시 스트레스가 많고 불행한 시기인 것은 아닙니다. 에드는 휴가철 동안 기분이 좋았지만 자신이 즐기던 성취 활동에 참여하지 않게 되었고, 평소보다 음식을 더 많이 먹고 신체 활동은 줄어들었다고 밝혔습니다. 이 시기가 종종 기분 저하로 이어져 1월 초에 우울증이 시작되는 전환점이 되곤 했습니다.

당신의 고위험 상황은 무엇인가요? 잠시 시간을 내어 당신의 기분을 저하시킬 만한 위험한 상황을 떠올려 보고, 그 상황들을 적어 보세요.

효과적인 대처 전략 계획하기

고위험 상황을 파악했다면, 이에 대처할 계획을 세울 수 있습니다. 앞서 다룬 행동활성화, 문제 해결, 그리고 마음챙김 기반 전략(HUMP와 3개의 N 등)이라는 세 가지 핵심 전략을 활용할 수 있습니다.

무엇보다 중요한 것은 고위험 상황을 대비할 수 있는 기분 향상 활동을 몇 가지 준비하는 것입니다. 당신의 기분을 확실하게 향상시킬 수 있는 활동에 집중하세요. 그 활동들은 구체적이고 실행 가능하며 당신의 일상의 자연스럽게 포함될 수 있어야 합니다. 그런 다음 첫 번째 단계를 계획하세요.

에드의 고위험 상황 대처 행동활성화 계획은 휴가 기간과 그 이후에도 규칙적으로 운동 수업에 참석하는 것이었습니다. 이는 휴가 후에도 계속 이어졌습니다.

또한 문제 해결 기술을 활용해 문제에 직면하고 그 문제를 조금이라도 더 쉽게 해결할 방법을 모색해야 합니다. 그런 다음 HUMP와 3개의 N을 활용해 당신의 감정을 관리하길 바랍니다.

마야는 성적표 작성을 더 수월하게 할 수 있는 방법을 고민하기 시작했습니다. 이전에 비해 조금 일찍 성적표 작성을 시작하고, 밤에는 최대 두 시간 정도만 작업하기로 했습니다. 또 식사 준비를 간소화하고, 일부 음식은 냉동 보관해 요리하는 시간을 줄이기로 했습니다. 기분 전환 활동을 계획하는 것도 잊지 않았습니다. 점심시간에 동료와 산책하기를 우선순위에 두었습니다. 이렇게 계획을 세우고 나니 이전처럼 압도당하지 않고 성적표를 작성할 수 있다는 자신감을 느꼈습니다.

마야는 어머니에 대한 자신의 감정을 돌이켜보면서 HUMP와 3개의 N 전략을 활용하는 것이 도움이 되겠다고 생각했습니다. 슬픈 감정을 정상적인 것으로 받아들이고, 그 감정은 시간이 지나면 사라진다는 것을 인식했습니다. 마야는 어버이날을 계획하면서 슬픔을 알아차리고 이름을 붙인 후, 그 감정에 대해 아무 행동도 취하지 않는 3개의 N을 연습했습니다. 자신이 이렇게 슬픈 기분이 아니라면 지금 무엇을 하고 있을지 스스로 질문했습니다. 그녀는 꽃을 들고 어머니의 묘지를 찾아 어머니를 기리기로 결심했습니다. 이렇게 계획한 덕분에 마야는 어머니를 떠올리게 하는 날에 슬픔을 느끼겠지만, 그날들을 잘 대비할 수 있다는 느낌을 받았습니다.

당신이라면 어떤 계획을 세울 건가요?

이제 당신의 대처 전략을 계획할 시간입니다. 먼저 당신이 파악한 고위험 상황 중 하나를 선택해 적어 보세요.

____

____

____

행동활성화 계획: 이 상황에 직면했을 때 내가 할 수 있는 기분 전환 활동은 무엇일까요? (구체적이고 실행 가능하며, 일상의 일부가 될 수 있는 계획을 세워야 합니다.)

____

____

____

문제 해결 계획: 이 상황을 조금이라도 더 수월하게 만들 방법이 있을까요? 이 상황에서 내가 할 수 있는 일은 무엇일까요? 좀 더 효과적으로 대처할 수 있도록 도와주는 방법은 무엇인가요?

마음챙김 계획: 당신의 감정을 무해하고, 쓸모없고, 무의미하고, 지나가는 것으로 받아들일 수 있나요? 이 상황에서 '아무것도 하지 않는 것'은 무엇을 의미할까요?

이 과정은 당신이 파악할 수 있는 다른 고위험 상황에서 반복할 수 있습니다.

우울증 예방하기: 진행 상황 모니터링 및 초기 경고 신호에 대응하기

우울증이 다시 찾아오는 것은 대개 서서히 진행됩니다. 기분이 점진적으로 나빠지는 경우가 많은 까닭에 그 변화를 인지하기도 전에 우울증에 빠지곤 합니다. 우울증이 다시 찾아오지 않도록 예방하려면 자신의 상태를 주기적으로 확인하는 것이 도움이 됩니다. 진행 과정을 모니터링함으로써 우리가 정상 상태에서 벗어나고 있는지를 보여 주는 변화를 감지할 수 있습니다. 이를 '초기 경고 신호'라고 합니다. 초기 경고 신호가 울리면 다시 정상궤도로 돌아가기 위한 행동을 취해 기분을 다시 회복할 수 있습니다.

자기 모니터링 활용하기

소크라테스는 "성찰하지 않는 삶은 살 가치가 없다"라는 유명한 말을 남겼습니다. 반드시 그렇게까지 할 필요는 없지만, 우리는 자기 모니터링을 매우 중요하게 생각하며 이를 습관화할 것을 권합니다. 시간에 따라 기분을 기록하는 습관을 들이면 좋습니다. 예를 들면, 10점 평가 척도를 활용해 규칙적으로 기분을 평가하고 기록하는 방식이 있습니다. 이렇게 하면 시간이 지나면서 기분이 나빠졌는지 확인할 수 있고, 다시 정상 궤도로 돌아가기 위한 조치를 취할 수 있습니다. 어떤 사람들은 기분과 기타 변수를 더 체계적으로 추적하기도 합니다. 일기를 쓰거나, 기분 모니터링 앱을 사용하거나, '자기 모니터링 평가 척도' 워크시트를 활용할 수 있습니다.

자기 모니터링 평가 척도
1(매우 나쁨)~10(매우 좋음)

요일	기분	에너지	수면	영양	기분 전환 활동	전체
월요일						
화요일						
수요일						
목요일						

금요일					
토요일					
일요일					

단, 자기 모니터링을 과도하게 하지 마세요. 지나치게 자신에게 집중하는 것은 도움이 되지 않으며, 오히려 부정적인 감정과 연관됩니다(Ingram 1990). 일정 기간 기분이 점차 나빠지는 변화를 포착할 수 있을 정도로만 모니터링하는 것이 좋습니다. 누구나 나쁜 날과 나쁜 주가 있습니다. 하지만 한 달 내내 기분이 좋지 않다면 주의를 기울여야 합니다. 인생에서 힘든 시기를 겪고 있다면 슬프고 속상한 것이 당연합니다. 그렇다고 해서 이것이 반드시 우울증으로 연결되는 것은 아닙니다. 힘든 시간은 영원히 지속되지 않습니다.

초기 경고 신호 파악하기

자기 모니터링의 큰 장점 중 하나는 자신의 초기 경고 신호를 파악하는 데 도움이 된다는 것입니다. 가끔 슬픔, 짜증, 스트레스, 불안, 동기 저하 같은 기분 변화가 자주 나타난다면, 이는 다소 우울한 상태에 빠져들고 있다는 신호일 수 있습니다. 마찬가지로 혼자 보내는 시간이 많아지거나, 평소 즐기던 활동을 중단하거나, 평소보다 더 많이 자거나, 운동을 덜 하거나, 술을 더 마시거나, 평소보다 더 많이(혹은 덜) 먹거나, 미루는 일이 많아지거나, 끝내지 않은 일을 미루는 등의 행동은 정상적인 상태에서 벗어나고 있음을 알리는 신호일 수 있습니다.

당신의 초기 경고 신호는 무엇인지 생각해 보세요. 당신이 어려움을 겪고 있다는 신호가 될 만한 것은 무엇인가요? 세 가지를 적을 수 있도록 빈칸을 마련했지만, 더 많은 신호를 생각해 내도 좋습니다.

1. ______________________________

2. ______________________________

3. ______________________________

정상 궤도로 돌아가기

초기 경고 신호는 자동차의 엔진 경고등과 비슷합니다. 무언가 제대로 작동하지 않고 있음을 알리고, 상황이 더 악화되기 전에 조치할 시간임을 알리는 신호입니다. 엔진 경고등이 켜졌다면 보통 오일을 보충해야 한다는 의미입니다. 우울증의 초기 경고 신호 역시 삶에 오일을 추가해야 한다는 신호입니다. 조금 다른 종류로 말입니다! 기분 전환 활동을 하는 것은 오일을 보충하는 것처럼 어렵지 않습니다. 행동활성화 계획을 다시 세우고, 문제 해결 방안을 모색하고, HUMP와 3개의 N을 기억하면 됩니다.

우선, 새로운 행동활성화 계획을 세우는 것부터 시작하세요. 만약 규칙적으로 하던 운동을 멈추었다면, 다시 운동을 시작할 때일지도 모릅니다. 사람들과 관계를 끊고 있다면, 간단한 문자 한두 통을 보내는 건 어떨까요? 즐거움을 주는 활동이나 숙달감과 성취감을 주는 활동을 해 볼 수도 있습니다. 문제를 피하고 있다면, 그것을 직면하겠다는 결정을 내리는 것은 어떨까요? 동기 부여가 부족하다면, 앞서 배운 동기 부여 전략 중 하나를 활용해 보세요. 긍정적인 기분과 활동의 선순환이 다시 일어나도록 무엇이든 시도해 보세요!

정상 궤도에 들어서기 위해 활동 계획을 세우는 것은 앞서 살펴본 기분 전환 활동 계획과 매우 유사합니다. '정상 궤도로 돌아가기' 워크시트를 활용해 시작해 보세요.

활동 계획: 정상 궤도로 돌아가기				
내가 할 일	내 계획은	첫 번째 단계	내가 마주칠 장애물	장애물 대처 방법
	□ 구체적인가? □ 실행 가능한가? □ 일상생활에 통합 되는가?			
	□ 구체적인가? □ 실행 가능한가? □ 일상생활에 통합 되는가?			
	□ 구체적인가? □ 실행 가능한가? □ 일상생활에 통합 되는가?			
	□ 구체적인가? □ 실행 가능한가? □ 일상생활에 통합 되는가?			

그리고 HUMP와 3개의 N을 떠올려 보세요. 만약 기분이 조금 우울해진 것 같다면, 아마도 어떤 어려움을 겪고 있을 가능성이 큽니다. 마음챙김을 한다는 것은 괴로운 생각과 감정을 알아차리고, 어려운 사건을 받아들이며, 속상함을 느껴도 괜찮다고 스스로 말해 주는 것을 의미합니다. 그리고 감정은 결국 지나가며 위험한 것이 아님을 되새기고, 감정에 반응하기보다는 자신의 가치와 욕구에 따라 행동할 결정을 내릴 수 있음을 기억하는 것이 중요합니다.

치료와 약물은 어떤가요?

많은 경우 이 책에서 다룬 행동활성화 단계만으로도 기분에 중요한 개선을 이루고 유지하는 데 충분합니다. 하지만 경우에 따라 추가적인 도움이 필요할 수 있습니다. 이럴 때는 심리치료사를 찾아가는 것이 큰 도움이 됩니다. 혼자서 행동활성화 계획을 시작하고 지속하는 것은 쉽지 않은 일이므로, 누군가의 지도가 큰 차이를 만들 수 있습니다.

어떤 사람들에게는 항우울제가 우울증 치료의 중요한 요소가 될 수 있습니다. 일부 내담자는 항우울제를 복용한 후 더 많은 에너지를 느끼고 동기 부여가 되어 행동활성화 계획을 시작하고 유지하는 일을 더 잘할 수 있었다고 말했습니다. 약물 치료를 고려하고 있다면 자격을 갖춘 의료 전문가와 상담하는 것이 중요합니다.

다음 단계는 무엇인가요?

이 장에서는 우울-저항적인 삶을 지속하는 데 도움이 되는 방법을 소개했습니다. 이 장에서 무엇을 얻고 싶은지 잠시 생각해 보세요. 우울-저항적인 삶을 유지하는 데 도움이 될 만한 것은 무엇인가요?

이 장에서 의미 있었던 내용을 당신의 삶에 어떻게 적용할 수 있을까요? 계획을 세워 보세요.

다음 장에서는 우울증을 극복하고 진정한 행복과 웰빙의 삶으로 나아가는 전략을 살펴보겠습니다. 이는 좋은 마무리가 될 것입니다.

12장
행복과 웰빙을 기르기

대부분 사람은 단순히 우울하지 않은 삶을 원하는 것이 아닙니다. 우리는 진정한 행복을 경험하고 싶어 합니다. 또 맛있는 식사를 하거나 즐거운 하룻밤 외출 같은 일시적인 즐거움뿐만 아니라, 깊고 지속되는 웰빙과 같은 행복감을 경험하고자 합니다. 이 책에서 살펴본 바와 같이, 행동활성화를 통해 가치 기반의 기분 향상 활동 루틴을 습관화하는 것은 행복한 삶을 만드는 데 큰 도움이 됩니다.

그러나 행복이라는 퍼즐에는 또 하나의 중요한 조각이 있습니다. 이는 단순히 기분을 나아지게 만드는 것을 넘어, 감사와 자비 같은 개인적인 자질과 관련되어 있습니다. 삶에 이러한 자질을 받아들일 때 우리는 회복력을 키우고, 삶의 어려움을 더 잘 헤쳐 나갈 수 있는 회복 탄력성과 내면의 힘을 기를 수 있습니다.

자신의 강점에 주목하기

우울감에 취약할 때 우리는 자신의 실패에 주목하고 단점과 약점을 되새기는 경향이 있습니다. 종종 어려움 앞에서 강인함과 회복 탄력성을 발휘했던 순간들을 무시하거나 과소평가하지만, 사실 이런 경험을 알아차리는 것은 매우 중요합니다. 어려운 상황에서 강인함과 회복력을 발휘했던 순간을 명확하게 인식하면, 앞으로 삶에서 어떤 어려움을 마주하더라도 헤쳐 나갈 수 있다는 자신감을 얻게 됩니다. '힘들겠지만 나는 이겨 낼 수 있어!'라는 자신감을 갖게 되는 것입니다.

이제 자신을 돌아보면서, 그동안 간과하고 있던 개인적 강점을 찾아보겠습니다. 이를 위한 몇 가지 자기 성찰 방법을 안내해 드리겠습니다.

당신의 삶에서 순조롭게 흘러가는 삶의 영역을 떠올려 보세요. 친구 사이, 가족 관계, 직장 내 프로젝트, 취미나 관심사와 같은 삶의 영역에서 어려움을 극복하거나 갈등을 해결한 적이 있나요? 이 영역에서 일상의 루틴을 유지하고, 스케줄에 따라 생활하고 있나요? 이 같은 성공은 우연히 이루어진 것이 아닙니다. 그것은 당신의 강점을 보여 주는 증거입니다.

예를 들면, 마야는 순조롭게 흘러왔던 삶의 일부를 돌아보다가 자신이 우울증을 겪고 있음에도 매일 정시에 출근하고, 수업을 준비하며, 학교 활동에 적극적으로 참여했다는 사실을 깨달았습니다. 이를 통해 자신의 강점이 신중함, 인내심, 그리고 조직력이라는 것을 알게 되었습니다.

이제 당신의 삶에서 잘되고 있는 부분을 찾아보세요. 크든 작든 상관없습니다. 이 같은 경험이 당신의 어떤 강점을 보여 주는지 적어 보세요.

____

____

____

____

____

당신이 극복했던 어려움을 떠올려 보세요. 당신이 지나온 힘든 시기를 떠올려 보세요. 어려운 상황을 극복한 어떤 경험이 있나요? 이사, 출산, 새로운 관계나 새로운 직장 등 새로운 환경에 적응해야 했던 순간일 수도 있습니다. 혹은 당신이나 소중한 사람이 심각한 병에 걸렸거나, 관계, 직장, 학업에서 중대한 상실이나 실패를 겪었던 순간일 수도 있습니다. 또는 심각한 개인적인 갈등을 경험했던 순간일 수도 있습니다. 무엇이든 당신은 그 시간을 견뎌 냈고 결국 지나왔습니다. 힘든 시기를 버텨 냈다는 것은 회복 탄력성과 끈기가 있다는 증거입니다.

마야는 이혼과 연인의 배신이라는 힘든 일을 겪었지만, 결국 이를 극복했다는 사실을 떠올렸습니다. 이처럼 힘든 시기를 이겨 낸 것이 곧 자신에게 용기와 내면의 힘이 있음을 보여 준다는 것을 깨달았습니다.

당신은 어떤 어려움을 극복했나요?

____

____

____

이 경험은 당신의 어떤 강점을 보여 주나요?

____

____

____

배려하는 관계에 대해 생각해 보세요. 배려하는 관계를 유지하려면 헌신, 이타심 그리고 자신의 욕구를 잠시 내려놓는 능력이 필요합니다.

에드는 우울함 속에서도 시간을 내어 아들 알렉스와 놀아 주었습니다. 그는 이러한 행동이 다정함과 온화함 그리고 아버지의 사랑과 같은 개인적 강점을 보여 준다는 것을 인정할 수 있었습니다.

사람이든 반려동물이든 당신이 배려하는 관계를 떠올려 보세요. 이러한 관계는 당신이 어떤 사람임을 말해 주나요? 당신의 생각을 적어 보세요.

당신의 가치에 따라 행동하는 순간을 주목하세요. 삶의 영역 중 당장은 즐거움을 주지 않더라도 가치에 따라 행동하는 순간이 있나요? 이런 활동은 우리가 가진 내면의 중요한 강점을 반영합니다.

예를 들면, 마야는 어머니의 상속세와 관련된 모든 일을 피하고 싶었지만 결국 해결했습니다. 이를 통해 마야는 중요한 일이라면 어려운 일이라도 그것을 해내는 힘이 자신에게 있음을 깨달았습니다.

가치에 따라 행동하는 삶의 영역이 있나요? 이를 통해 알 수 있는 당신의 개인적 강점은 무엇인가요?

성취감이나 유능감의 영역에 대해 생각해 보세요. 당신의 삶에서 어느 정도의 기술이나 유능함을 갖춘 영역이 있나요? 이는 마법처럼 이루어진 것이 아닙니다. 연습, 인내 그리고 전념을 통해 얻어 낸 것입니다.

예를 들면, 마야는 집안일을 하고, 두 아이를 돌보며, 직장생활을 병행하는 것이 벅차다고 느꼈습니다. 하지만 이 모든 균형을 유지하는 것이 매우 중요한 성취라는 것을 깨달았습니다. 이 일들에는 다양한 능력과 기술이 필요했습니다.

에드는 숙련된 목수였습니다. 그는 오랜 시간 자신의 분야에서 일하면서 이러한 역량을 쌓아 왔습니다. 그는 이 과정이 인내, 끈기 그리고 전념이 필요한 일이었음을 인정했습니다.

당신이 유능하다고 느끼는 분야는 무엇인가요? 완벽하게 타고난 것은 아니지만 노력해서 발전시킨 능력은 무엇인가요? 그 기술의 개발은 당신의 어떤 개인적 강점을 반영한다고 생각하나요?

이제 위 질문에 대한 답을 통해 발견한 당신의 개인적 자질을 다시 한번 살펴보세요. 그리고 당신의 강점과 회복 탄력성을 인정해 보세요. 이 강점을 어떻게 일상생활에 활용할 수 있을까요? 현재 당신이 겪고 있는 어려운 상황 중에서 이 같은 강점을 활용할 수 있는 일은 무엇인가요?

감사하기

우리가 정말 좋아하는 격언이 있습니다. “행복이란 원하는 것을 가지는 것이 아니라 가진 것을 원하는 것이다.” 즉, 감사는 우리가 가진 것을 소중히 여기고, 그것을 원하고, 그것에 만족하는 것입니다. 우리 삶에서 가치 있고 웰빙에 이바지하는 크고 작은 것을 알아차리고 진정으로 감사하는 것이 중요합니다.

마야는 자신이 감사할 만한 것이 무엇인지 생각해 보았습니다. 그러자 아이들과 친구들이 떠올랐습니다. 심지어 매일 아침 마시는 한 잔의 차에도 감사함을 느꼈습니다. 에드는 손에 통증이 있음에도 불구하고 여전히 소규모의 목공 프로젝트를 할 수 있다는 사실에 감사함을 느꼈습니다. 또 자신의 자동차에도 감사했으며, 특히 세차한 후에 그러했습니다!

감사하는 마음을 키우고 표현하는 방법은 다양합니다. 감사 일기를 써 보는 것도 좋습니다. 이 방법을 통해 매일 당신의 삶에서 소중한 것들을 기록하며 감사하는 습관을 들일 수 있습니다. 나아가 주변 사람들에게 감사를 표현해 보세요. 짧은 문자나 이메일을 보내거나, 간단한 전화 한 통으로 당신의 마음을 전달할 수도 있습니다. 그러면 다른 사람들도 더 행복함을 느낄 수 있습니다. 감사는 전염성이 강하기 때문입니다!

오늘 감사함을 느꼈던 한두 가지 일을 떠올려 보고, 아래에 적어 보세요.

____

____

____

잠시 멈추어 아름다움 즐기기

좋은 일이 생기면 잠시 멈추어 그것을 알아차리고 즐겨 보세요. 자신에게 '이 순간 정말 멋지다' 혹은 '이건 정말 특별한 순간이야!'라고 말해 보세요. 우리 삶을 더 온전히 경험하는 방법 중 하나는 가능한 한 현재 순간을 온전히 인식하는 것입니다. 예를 들면, 니나는 점심을 컴퓨터 앞에서 대충 먹지 않으려고 결심했습니다. 음식을 제대로 음미하고 싶었기 때문입니다.

오늘 당신이 시도해 볼 오감이 즐거운 활동을 떠올려 보세요. 맛있는 음식을 먹거나, 훌륭한 음악을 듣거나, 자연 속을 걷는 등의 활동도 좋습니다. 그 활동을 하는 동안 잠시 멈추어, 당신이 경험하는 기분 좋은 감각에 집중해 보세요. 그리고 그 감각에 감사한 마음을 가져 보세요. 감사한 마음을 가지게 된 활동을 아래에 적어 보세요. 어떤 느낌이었나요?

마음챙김 실천하기

10장에서 살펴본 것처럼 마음챙김 기술은 우울증과 관련된 부정적이고 동기를 약화시키는 생각과 감정을 다루는 데 유용합니다. 게다가 한 연구에 따르면 마음챙김은 우울-저항적 삶을 유지하는 데 도움이 되는 것으로 나타났습니다(Segal and Walsh 2016). 마음챙김을 규칙적으로 실천하면 더 깊은 수준의 행복과 웰빙을 유지하는 데 도움을 받을 수 있습니다.

마음챙김을 일상생활에 적용하는 방법은 여러 가지가 있습니다. 10장에서 배운 호흡 운동을 연습하는 것부터 시작할 수 있으며, 인터넷에서 다양한 마음챙김 안내 영상과 앱을 찾아볼 수도 있습니다. 여러 지역사회에서는 개인 혹은 집단 형태의 마음챙김 프로그램이 제공하고 있습니다. 우리가 아는 최고의 마음챙김 프로그램은 심리학자 진델 시걸Zindel Segal이 개발한 것으로, 우울증으로 힘들어하는 사람들이나 우울증 재발을 예방하고자 하는 사람들을 위한 맞춤형 프로그램입니다(Teasdale, Williams, and Segal 2014). 현재 그의 온라인 강의는 https://www.mindfulnoggin.com에서 확인할 수 있습니다.

마음챙김을 실천하기 위해서는 구체적이고 실현 가능한 계획을 세우는 것이 중요합니다. 그리고 모든 기술이 그렇듯이, 연습을 거듭할수록 자연스럽게 몸에 배어 더 많은 혜택을 누리게 될 것입니다.

당신의 삶에 마음챙김을 적용하기 위한 좋은 계획은 무엇인가요?

____

____

____

자기 자비 연습하기

자비는 어려움, 실패 혹은 실수를 마주했을 때 자신과 타인에게 친절하게 대하는 것입니다. 여러 연구에 따르면 자기 자비와 전반적인 웰빙 사이에는 강한 연관성이 있습니다(Gilbert 2017; Neff 2023).

우리 중 많은 사람이 어떤 식으로든 실수했거나 실패했다고 느낄 때 자신에게 너무 가혹하고 자기 비판적인 내면의 목소리를 냅니다. 자기비판이 자신을 더 나은 길로 이끄는 동기를 부여할 것이라고 생각하지만, 실제로는 회피와 우울증의 하향 나선을 초래합니다(Neff 2023). 지나치게 자기비판을 하면 무슨 일이 일어나는지 잠시 생각해 보세요. 동기가 부여되나요, 아니면 동기가 점점 사라지고 위축되고 회피하고 싶어지나요? 자신을 친절하게 대할 때는 어떤가요? 연구에 따르면 자신에게 친절하고 자비를 가질 때 기분이 더 나아지고, 문제 해결 능력이 향상되며, 인내와 끈기가 더 강해지는 경향이 있습니다(Ewert, Vater, and Schröder-Abé 2021).

자기 자비 실천은 스스로 가혹하게 비판하는 자기 비판적 사고를 인식하고, 의식적으로 자신에게 친절 베푸는 것을 의미합니다. 다음은 자기 자신에게 건넬 수 있는 자비로운 메시지의 몇 가지 예시입니다.

- “너는 최선을 다하고 있어.”
- “이렇게 힘든 것은 정상이야.”
- “많은 사람이 이 문제로 힘들어해.”
- “실수하고 가끔 실패하는 것은 정상이야.”
- “실패는 배움과 성장의 과정이야.”
- “완벽하지 않아도 잘하고 있어.”
- “지금 삶에서 일어나는 모든 일을 고려하면, 너는 꽤 잘하고 있는 거야.”

친구에게 자비를 표현하는 방식을 생각해 보고 같은 방식으로 자기 자신에게 자비로운 말을 건네는 것도 도움이 됩니다.

자기 비판적인 경향이 있는 상황을 떠올려 보세요. 이제 자신에게 해 볼 수 있는 다정하고 자비로운 말을 몇 가지 고안해 보세요. 제시된 예시를 활용해도 좋고, 직접 만들어도 좋습니다. 자신에게 건네고 싶은 자기 자비가 담긴 말을 아래에 적어 보세요.

그런 다음 눈을 감고 평소처럼 자기 비판적인 상황을 경험하고 있다고 상상해 보세요. 평소처럼 자신을 비판하는 말 대신 자기 자비가 담긴 말을 건네는 모습을 상상해 보세요. 부드럽고 친절하며 자비로운 목소리로 자신에게 이야기해 보세요. 마음을 다해 이 메시지에 귀 기울여 보세요. 잠시 멈추어 보세요. 어떤 기분이 들었나요?

힘든 하루를 보내고 있을 때(문제를 마주하기 힘들거나, 실패했다고 느껴지거나, 자신이 부족하고 무능하다고 느껴질 때), 의식적으로 자기 자비의 태도를 가지려고 시도해 보세요. 자기 자신을 친절하게 대해 보세요. 그리고 변화가 일어나는지 지켜보세요.

작별 인사를 나눌 시간입니다

이 워크북을 끝까지 마친 것을 축하합니다! 그동안 많은 내용을 다루었습니다. 우리가 소개한 행동활성화 전략들이 도움이 되었기를 바라며, 시작했을 때보다 더 나아진 기분을 느끼고 있기를 바랍니다. 인생이 그렇듯 앞으로 어려운 순간을 마주하게 될 것입니다. 우리 모두 그렇습니다. 하지만 행동활성화 원칙을 기억하며 계속해서 앞으로 나아가길 바랍니다. 행동활성화가 힘든 시기를 없애 주지는 못하지만, 분명 어려움을 극복하는 데 도움이 될 것입니다.

마지막 인사를 전하며, 당신이 즐겁고 의미 있는 활동, 감사하는 마음, 멋진 관계, 그리고 모든 좋은 일로 가득한 행복한 삶과 우울증에 굴하지 않는 삶을 살기를 진심으로 바랍니다.

감사의 글

먼저, 지난 여러 해 동안 함께해 준 많은 내담자에게 깊이 감사드립니다. 이 용기 있는 분들은 자신의 이야기와 고민을 기꺼이 나누어 주었으며, 그 과정에서 우리는 행동활성화의 효과를 배울 수 있었습니다.

뉴 하빙거New Harbinger의 훌륭한 편집자 엘리자베스 홀리스 한센Elizabeth Hollis Hansen, 매디슨 데이비스Madison Davis, 그리고 캐런 쉐이더Karen Schader와 함께할 수 있었던 것은 큰 행운이었습니다. 이들은 처음부터 끝까지 아낌없는 조언과 지원을 보내주었습니다. 책에 사용된 표와 그림 작업을 도와주고, 원고 초안에 유용한 피드백을 준 벤 스왈로우Ben Swallow에게 특별히 감사드립니다. 진델 시걸Zindel Segal 박사는 우리의 오랜 친구이자 동료이며, 든든한 지원군이 되어 주었습니다. 이 책의 서문을 기꺼이 작성해 준 것에 깊이 감사드립니다.

저(니나Nina Josefowitz)는 행동활성화의 본질을 설명할 수 있도록 도움을 준 많은 학생의 질문과 호기심에 감사드립니다. 특히 두 분의 동료에게 감사의 말을 전하고 싶습니다. 마이클 로젠블루스Michael Rosenbluth 박사는 이 책의 제안서를 제출하도록 용기를 북돋아 주었으며, 집필 과정 내내 아낌없는 지원을 해 주었습니다. 조이스 이즈빗스키Joyce Isbitsky 박사는 초기 원고의 여러 장에 대해 사려 깊이 있는 의견을 주었습니다. 이들과 수년 동안 나눈 수많은 임상적 논의가 이 책에 담겨 있습니다. 마지막으로, 제 삶에 사랑과 균형을 준 가족, 아이들, 손주들 그리고 노박 안코비치Novak Jankovic에게 깊은 감사를 전합니다.

저(스티븐Stephen Swallow)는 오크빌 인지치료센터에서 함께해 준 친구들, 동료들, 학생들에게 감사를 표하고 싶습니다. 그리고 가족인 피터와 사라, 벤, 웨슬리, 리암, 그리고 무엇보다도 제 아내 카렌에게 감사의 마음을 전합니다. 여러분의 인내와 사랑 그리고 격려에 깊이 감사드립니다.

BEHAVIORAL

부록

ACTIVATION

나의 우울 증상

증상	심각도 1(매우 약함)~10(매우 심각함)

기분을 악화시키는 활동

기분을 망치는 유형	생활 속 예시
사회적 접촉을 피하거나 줄이기	
즐거움이나 재미를 주는 활동을 피하거나 줄이기	
성취감이나 숙달감을 주는 활동을 피하거나 줄이기	
의미나 목적의식을 제공하는 활동을 피하거나 줄이기	
건강에 좋은 활동을 피하거나 줄이기	
처음에는 기분이 나아지는 것 같지만 장기적으로는 건강하지 않은 활동 늘리기	
문제 직면하기를 회피하거나 해야 할 중요한 일을 회피하기	
다른 기분을 악화시키는 행동(상세하게)	

나의 활동 변화

(만약 있다면) 우울해진 계기가 된 생활 사건 예시: 나:	
활동 유형	**우울해진 이후 활동의 변화된 점**
즐거움이나 성취감을 주는 활동	늘어난 활동: 감소한 활동:
	나:
내가 즐기지 않는 활동	늘어난 활동: 감소한 활동:
	나:
활동 유형	**우울해진 이후 활동의 변화된 점**
신체 운동	늘어난 활동: 감소한 활동:
	나:
친구들과 시간 보내기	늘어난 활동: 감소한 활동:
	나:
가족과 시간 보내기	늘어난 활동: 감소한 활동:
	나:

활동 유형	우울해진 이후 활동의 변화된 점
여가 및 취미 활동	늘어난 활동: 감소한 활동:
	나:
담배, 식습관, 알콜, 약물	늘어난 활동: 감소한 활동:
	나:
수면 패턴	늘어난 활동: 감소한 활동:
	나:
내가 대처하는 다른 방법	늘어난 활동: 감소한 활동:
	나:

나의 일일 활동(예시)

에드의 일일 활동 1(매우 우울함)~10(매우 행복함)							
시간	월요일	화요일	수요일	목요일	금요일	토요일	일요일
6:00 a.m.		일찍 잠에서 깼으나 다시 잠들지 못함. 그래서 침대에 누워 생각에 잠김(2)					
7:00 a.m.	잠이 안 오는데 그냥 누워 있기(2)	계속 누워있음(2)	침대에 누워 깨어 있으나, 일어나고 싶지 않음(2)	기상 – 알렉스가 일찍 등교해서 아침 식사 준비해주기(5)	일어나기 싫어 침대에 누워 있기(2)		
8:00 a.m.	알렉스 아침 차려주기(4) 알렉스 학교 갈 준비 도와주기(5)	알렉스 아침 식사 준비하기(4)	침대에서 벗어나지 않고 주디가 알렉스의 아침식사를 준비하도록 둠(2)	알렉스를 학교에 데려다주고, 반 친구들과 동물원 현장학습 동행(6)	침대에서 나와서 알렉스 아침 식사 준비하기(4)		늦잠, 침대에 누워 있기(2)
9:00 a.m.	알렉스를 학교에 데려다주기(6) 집에 돌아오기(3)	알렉스를 학교에 데려다주기(4)	너무 피곤하고 우울해서 계속 침대에 누워있음(1)	알렉스 반의 현장학습 참여(6)	알렉스를 학교에 데려다주기(4)	늦잠을 잤지만 여전히 피곤함(3)	혼자 아침 식사(2)
10:00 a.m.	TV로 예능 프로그램 시청하기(3)	TV 예능 프로그램 시청하기(3)	일어나서 커피 마시고 소파에 앉기(2)	알렉스 반의 현장학습 참여(7)	집에서 TV에서 하는 예능 프로그램 시청하기(2)	알렉스와 아침 식사(4)	소파에 앉아 있기(2)
11:00 a.m.	위와 동일(3)	TV 예능 프로그램 시청하기(2)	소파에 앉아 생각하기(1)	알렉스 반의 현장학습 참여(7)	예능 프로그램(2)	알렉스와 공원에 가기(7)	소파에 앉아 있기(2)
12:00 p.m.	직장에 있는 주디에게 전화 걸어 잠시 통화하기(5)	동네 한바퀴 산책하기(5)	소파에 앉아 있기(1) 주디에게 전화하기(3)	알렉스 반의 현장학습 참여(8)	소파에 앉아 있기(2)	알렉스와 햄버거 먹으로 가기(7)	TV 보기(3)
1:00 p.m.	점심 차려서 먹고, 음악 듣기(6)	낮잠 자기(2)	낮잠 자기(2)	알렉스 반의 현장학습 참여(8)	낮잠 자기(2)	집에 와서 낮잠 자기(5)	TV로 스포츠 시청(4)

시간	월요일	화요일	수요일	목요일	금요일	토요일	일요일
2:00 p.m.	낮잠 자기, 소파에 앉아 아무것도 하지 않고 있기(2)	낮잠 자기(2)	TV 보기(2)	알렉스 학교로 돌아오기(6)	주디에게 전화 걸기(4)	TV로 스포츠 시청(5)	TV로 스포츠 시청(5)
3:00 p.m.	학교에 있는 알렉스를 데리러 가기(6)	TV 보기(3)	TV 보기(2) 알렉스 학교 데리러 가기(4)	알렉스를 학교에서 데리고 집에 오기(6)	알렉스 데리러 학교 가기(4)	TV로 스포츠 시청(5) 맥주 마시기(5)	맥주 마시며 스포츠 시청(6)
4:00 p.m.	알렉스와 함께 TV 보기(5)	TV 보기(3)	알렉스 숙제 도와주기(5)	TV 보기(5)	알렉스와 함께 비디오 게임하기(5)	스포츠 보며 맥주 마시기(4)	멕주 마시며 TV 보기(5)
5:00 p.m.	알렉스가 숙제하는 동안 TV 저녁 뉴스 시청(4)	TV 보기(3)	집 근처 한 바퀴 산책하기(5)	TV 보기(5)	알렉스와 비디오 게임(6)	저녁 만들기(5)	TV로 스포츠 시청(6)
6:00 p.m.	주디, 알렉스와 저녁 식사(6)	주디, 알렉스와 저녁 식사(4)	주디, 알렉스와 저녁 식사(4)	저녁 식사(5)	저녁 식사(6)	주디, 알렉스와 저녁 식사(6)	저녁 식사하기(6)
7:00 p.m.	TV 보기(4)	부엌 정리하기(4)	부엌 정리하기(4)	부엌 정리하기(5)	알렉스와 아이스크림 사 먹으로 나가기(7)	부엌 정리하기(5)	주디, 알렉스와 함께 넷플릭스 보기(6)
8:00 p.m.	TV 보기(3)	소파에 누워 있다가 잠들기(3)	친구에게 전화하기(6)	알렉스 재우기(5)	알렉스 재우기(6)	TV로 스포츠 시청(6)	넷플릭스(6) 알렉스 재우기(6)
9:00 p.m.	TV 보기(2)	TV에서 스포츠 토크쇼 보기(3)	지하작업실에 내려가서 도구 정리하기(6)	TV 시청(4)	주디와 넷플릭스 보기(6)	TV로 스포츠 시청(5)	TV 보기(5)
10:00 p.m.	맥주 마시며 비디오 게임하기(4)	스포츠 토크쇼 시청(3)	작은 프로젝트 작업하기(7)	TV 시청(3)	인터넷 서핑(4)	TV로 스포츠 시청(4)	TV 보기(4)
11:00 p.m.	인터넷 둘러보기(4)	우편물 확인하고 고지서 살펴보기(2)	TV 보기(6)	TV 시청(3)	인터넷 서핑(3)	TV로 뉴스 시청(4)	인터넷(3)
12:00 p.m.	밤늦게 TV 보기(4)	인터넷 둘러보기(2)	인터넷 둘러보기(5)	일찍 잠자리에 들기(3)	인터넷 서핑(3)	인터넷 둘러보기(3)	인터넷(3)

나의 일일 활동

1(매우 우울함)~10(매우 행복함)							
시간	월요일	화요일	수요일	목요일	금요일	토요일	일요일
6:00 a.m.							
7:00 a.m.							
8:00 a.m.							
9:00 a.m.							
10:00 a.m.							
11:00 a.m.							
12:00 p.m.							
1:00 p.m.							

시간	월요일	화요일	수요일	목요일	금요일	토요일	일요일
2:00 p.m.							
3:00 p.m.							
4:00 p.m.							
5:00 p.m.							
6:00 p.m.							
7:00 p.m.							
8:00 p.m.							
9:00 p.m.							
10:00 p.m.							
11:00 p.m.							
12:00 p.m.							

나의 생활 속 패턴

어떤 활동이 내 기분을 좋아지게 했는가?	
어떤 활동이 내 기분을 나빠지게 했는가?	
하루 중 내게 가장 좋은 시간은 언제인가?	
하루 중 내게 가장 나쁜 시간은 언제인가?	
일주일 중 가장 좋은 요일은 언제인가?	
일주일 중 가장 싫은 요일은 언제인가?	

효과적인 계획 세우기

무엇을 할 것인가?	누구와 함께 할 것인가?	언제 할 것인가?	어디에서 할 것인가?	얼마나 오래 할 것인가?	실현 가능한가?
1.					
2.					
3.					

나의 장애물

활동:	
장애물	**가능한 해결 방법**

나의 기분 평가하기

활동	활동 날짜	활동 전 기분 1(매우 우울)~10(매우 행복)	활동 후 기분 1(매우 우울)~10(매우 행복)

활동 계획: 신체 활동

내가 할 일	내 계획은	첫 번째 단계	내가 마주칠 장애물	장애물 대처 방법
	☐ 구체적인가? ☐ 실행 가능한가? ☐ 일상생활에 통합되는가?			
	☐ 구체적인가? ☐ 실행 가능한가? ☐ 일상생활에 통합되는가?			
	☐ 구체적인가? ☐ 실행 가능한가? ☐ 일상생활에 통합되는가?			
	☐ 구체적인가? ☐ 실행 가능한가? ☐ 일상생활에 통합되는가?			

활동 계획: 사회적 연결

내가 할 일	내 계획은	첫 번째 단계	내가 마주칠 장애물	장애물 대처 방법
	☐ 구체적인가? ☐ 실행 가능한가? ☐ 일상생활에 통합되는가?			
	☐ 구체적인가? ☐ 실행 가능한가? ☐ 일상생활에 통합되는가?			
	☐ 구체적인가? ☐ 실행 가능한가? ☐ 일상생활에 통합되는가?			
	☐ 구체적인가? ☐ 실행 가능한가? ☐ 일상생활에 통합되는가?			

가치에서 행동으로

핵심 가치	구체적이고 실행 가능한 가치 기반 활동

활동 계획: 가치 기반 활동

내가 할 일	어떤 가치를 부여할 수 있나요?	내 계획은	첫 번째 단계	내가 마주칠 장애물	장애물 대처 방법
		☐ 구체적인가? ☐ 실행 가능한가? ☐ 일상생활에 포함되는가?			
		☐ 구체적인가? ☐ 실행 가능한가? ☐ 일상생활에 포함되는가?			
		☐ 구체적인가? ☐ 실행 가능한가? ☐ 일상생활에 포함되는가?			
		☐ 구체적인가? ☐ 실행 가능한가? ☐ 일상생활에 포함되는가?			

가치를 통한 기분 향상 활동 강화

기분 전환 활동	연관된 가치
1.	
2.	
3.	

나의 이전 숙달감 및 성취감 활동

이전 숙달감 및 성취감 활동	우울해지기 전 빈도	현재 빈도

나의 현재 숙달감 및 성취감 활동

날짜 및 시간	숙달감 및 성취감 활동

핵심 가치로 숙달감 및 성취감 활동 강화하기

숙달감 및 성취감 활동	관련 핵심 가치

활동 계획: 숙달감 및 성취감 활동

내가 할 일	내 계획은	첫 번째 단계	내가 마주칠 장애물	장애물 대처 방법
	☐ 구체적인가? ☐ 실행 가능한가? ☐ 일상생활에 통합되는가?			
	☐ 구체적인가? ☐ 실행 가능한가? ☐ 일상생활에 통합되는가?			
	☐ 구체적인가? ☐ 실행 가능한가? ☐ 일상생활에 통합되는가?			
	☐ 구체적인가? ☐ 실행 가능한가? ☐ 일상생활에 통합되는가?			

활동 계획: 나의 어려움에 직면하기

내가 할 일	내 계획은	첫 번째 단계	내가 마주칠 장애물	장애물 대처 방법
	□ 구체적인가? □ 실현 가능한가? □ 일상생활에 통합되는가?			
	□ 구체적인가? □ 실현 가능한가? □ 일상생활에 통합되는가?			
	□ 구체적인가? □ 실현 가능한가? □ 일상생활에 통합되는가?			
	□ 구체적인가? □ 실현 가능한가? □ 일상생활에 통합되는가?			

브레인스토밍 질문

【문제】	
이 문제를 해결할 다른 방법은 무엇입니까?	
과거에는 비슷한 상황에서 어떻게 해결했습니까?	
이런 문제가 있는 다른 사람(가까운 친구나 친척)에게 어떤 제안을 해 볼 수 있습니까?	
나를 아끼는 사람에게 이런 문제가 있다는 사실을 안다면 어떤 조언을 해 줄 것 같습니까?	
내가 무시하고 있는 정보 중 도움이 될 만한 것이 있습니까?	
문제가 되는 상황 중 내가 절대 바꿀 수 없고 받아들여야 하는 측면이 있다면, 어떤 대처 전략을 생각해 볼 수 있습니까?	
만약 나의 핵심 가치에 따라 행동한다면 어떤 해결책이 떠오릅니까?	
도움이 될 만한 조언을 구할 사람이 있습니까?	

장단점 비교하기

가능한 해결책	장점/이득	단점/손해

활동 계획: 문제 해결하기

내가 할 일	내 계획은	첫 번째 단계	내가 마주칠 장애물	장애물 대처 방법
	☑ 구체적인가? ☑ 실행 가능한가? ☑ 일상생활에 통합되는가?			
	☑ 구체적인가? ☑ 실행 가능한가? ☑ 일상생활에 통합되는가?			
	☑ 구체적인가? ☑ 실행 가능한가? ☑ 일상생활에 통합되는가?			
	☑ 구체적인가? ☑ 실행 가능한가? ☑ 일상생활에 통합되는가?			

동기가 낮은 시간대 공략하기

동기가 낮은 시간	시작 활동	활동 전 동기 수준 1(매우 낮음)~10(매우 높음)	활동 후 동기 수준 1(매우 낮음)~10(매우 높음)

작은 단계로 나누기

활동: 냉장고 청소하기	
작은 단계	**언제? / 소요 시간?**

사고의 함정 파악하기 (운명 예측하기, 재앙화, 독심술, 당위적 진술, 감정적 추론)

동기를 낮추는 생각	사고의 함정

수면 자가 평가

수면의 질 향상시키기	나는 어떻게 하고 있나요?	다른 어떤 방법을 시도해 볼까요?
규칙적인 수면-각성 루틴 따르기		
낮잠은 정오쯤 30분 이내로 제한하기		
카페인 제한하기		
음주량 주의하기		
잠들기 전에 가볍게 먹기		
편안한 취침 루틴 개발하기, 잠들기 전에 휴대전화 끄기		
수면 친화적인 환경 조성하기		
침대를 수면과 연관 짓기 (침대에서 식사, 독서, TV 시청 금지)		
20분 이상 잠들지 못하면 침대에서 일어나고, 다시 졸릴 때까지 기다렸다가 잠자리에 들기		

자기 모니터링 평가 척도

1(매우 나쁨)~10(매우 좋음)						
요일	기분	에너지	수면	영양	기분 전환 활동	전체
월요일						
화요일						
수요일						
목요일						
금요일						
토요일						
일요일						

활동 계획: 정상 궤도로 돌아가기

내가 할 일	내 계획은	첫 번째 단계	내가 마주칠 장애물	장애물 대처 방법
	☐ 구체적인가? ☐ 실행 가능한가? ☐ 일상생활에 통합되는가?			
	☐ 구체적인가? ☐ 실행 가능한가? ☐ 일상생활에 통합되는가?			
	☐ 구체적인가? ☐ 실행 가능한가? ☐ 일상생활에 통합되는가?			
	☐ 구체적인가? ☐ 실행 가능한가? ☐ 일상생활에 통합되는가?			

즐거운 활동 아이디어

From Josefowitz, N. & Myran, D. 2021. CBT Made Simple: A Clinician's Guide to Practicing Cognitive Behavioral Therapy, 2nd ed. Oakland, CA: New Harbinger Publications.

신체 활동

- 필라테스 또는 요가
- 걷기
- 공을 사용한 스포츠 활동(예: 테니스, 농구, 야구, 탁구, 프리스비, 캐치볼)
- 포켓볼 또는 당구
- 볼링
- 자전거 타기
- 수영
- 러닝 또는 조깅
- 팀워크를 요하는 스포츠

야외 활동

- 시외 혹은 자연에서 한적하게 지내기
- 가까운 공원 산책하기
- 동네를 산책하며 나무들 바라보기
- 야외에서 커피 한 잔 즐기기
- 맑은 공기 들이마시기
- 캠핑 떠나기
- 동물들과 함께 있기
- 평소 눈여겨보지 않았던 풍경에 주의를 기울이며 드라이브하기
- 자연의 소리에 귀 기울이기
- 하늘, 구름 또는 폭풍우 바라보기
- 아름다운 경치 감상하기
- 등산하기
- 야외 체험이나 자연 속 산책 즐기기

사람들과 함께 하는 시간

- 친구나 가족과 직접 만나거나 전화 통화하면서 시간 보내기
- 아이들과 함께 시간 보내기
- 친구와 커피나 차를 마시거나 함께 식사하기
- 직장 동료, 업무상 지인, 학교 친구처럼 자주 보지만 친하지 않은 사람과 대화하기
- 친구나 가족과 식사하기 위해 집에 초대하기
- 외출하기(예: 공원, 미술관, 공연 등)
- 친구나 가족 구성원과 산책하기
- 보드게임 즐기기(예: 브루마블, 젠가, 체스, 윷놀이 등)
- 관심 있는 주제(예: 스포츠, 영화, 정치, 자녀나 손주 등)에 대해 이야기 나누기
- 동성 혹은 이성의 새로운 사람 만나보기
- 친구나 지인과 외식하기
- 집 밖에서 열리는 행사 참여하기(예: 파티, 스포츠 경기, 종교 행사, 동호회 모임)
- 누군가에게 고마운 마음을 표현하거나 칭찬 건네기
- 단체 활동 참여하기(예: 스포츠팀, 성가대, 밴드, 자선단체)

나 자신을 위한 활동

- 좋아하는 사람 떠올리기
- 식사나 간식 만들기
- 집안의 자잘한 일 처리하기
- 꽃이나 식물 보기 혹은 향기 맡기
- 일기 쓰기
- 기도하기
- 명상하거나 요가하기

- 신문, 만화, 잡지, 소설 읽기
- 영화나 TV 보기
- 십자말풀이 같은 혼자 하는 게임 즐기기
- 락 콘서트, 미술관, 스포츠 경기, 영화, 강연, 연극 보러 가기
- 여행이나 휴가 계획 세우기
- 나를 위한 물건 사기
- 해변에서 시간 보내기
- 공예나 미술 활동하기(예: 도예, 주얼리, 가죽공예, 비즈공예, 뜨개질)
- 방이나 집 가구 위치 바꾸기 혹은 다시 꾸미기
- 노래나 음악을 떠올려 보거나 편곡하기
- 미래에 대한 긍정적인 상상하기
- 힘든 할일 마무리하기
- 웃기
- 샤워하기
- 일에 집중하기
- 주어진 일 잘 수행하기
- 미뤄왔던 일 처리하기
- 악기 연주하기
- 낮잠 자기
- 혼자서 노래 부르기
- 정원을 가꾸거나 마당 손질하기
- 쇼핑하기
- 새 옷 입어보기
- 춤추기
- 햇살 아래 앉아 있기
- 가만히 앉아 생각하기
- 음악, 라디오, 팟캐스트 듣기
- 유쾌한 농담 듣고 웃기
- 맛있는 식사하기
- 즐거운 사람들과 함께 있기

<표 5.1> 가치 목록

각각의 가치가 자신에게 얼마나 중요한지, 5점 척도로 평가해 보세요. 1(별로 중요하지 않음)~5(매우 중요함)

성취
성장
지위
성공
부

지식
지능
학습
지혜

좋은 감정
연민
만족감
감사
행복
친절함
사랑

질서
확신
순응
통제
시간 준수
안전

개인적 강점
야망
단호함
자신감
용기
헌신
규율
자립심
강인함

즐거움
재미
흥분감
유머
장난기
자발성
놀라움

창의성
모험
호기심
탐험
상상력
독창성

사회적 연결
협력
평등
가족
용서
우정
친절
관대함
충성심
이타심
봉사
관용

영성
아름다움
헌신
믿음
용서
겸손
의미
평온함
단순함

건강
에너지
체력
정신 건강

독립성
자유
개성

유능함
효율성
노력
리더십
전문성

진실성
진정성
신뢰성
공정성
정직
평판
책임감
자존감
성실함
신뢰성

기타 가치

참고문헌

Abildso, C. G., S. M. Daily, M. R. Umstattd Meyer, C. K. Perry, and A. Eyler. 2023. "Prevalence of Meeting Aerobic, Muscle-Strengthening, and Combined Physical Activity Guidelines During Leisure Time Among Adults by Rural-Urban Classification and Region—United States 2020." *Morbidity and Mortality Weekly Update* 72: 85–89.

American Psychological Association (APA). 2019. *Clinical Practice Guideline for the Treatment of Depression Across Three Age Cohorts*. Washington, DC: APA. Retrieved from https://www.apa.org/depression-guideline.

Bandura, A. 2008. "An Agentic Perspective on Positive Psychology." In *Positive Psychology: Exploring the Best in People. Vol. 1: Discovering Human Strengths*, edited by S. J. Lopez. Westport, CT: Greenwood Publishing.

Barton, J., and J. Pretty. 2010. "What Is the Best Dose of Nature and Green Exercise for Improving Mental Health? A Multi-Study Analysis." *Environmental Science and Technology* 44: 3947–3955.

Basso, J. C., and W. A. Suzuki. 2017. "The Effects of Acute Exercise on Mood, Cognition, Neurophysiology, and Neurochemical Pathways: A Review." *Brain Plasticity* 2: 127–152.

Beserra, A. H. N., P. Kameda, A. C. Deslandes, F. B. Schuch, J. Laks, and H. S. de Moraes. 2018. "Can Physical Exercise Modulate Cortisol Level in Subjects with Depression? A Systematic Review and Meta-Analysis." *Trends in Psychiatry and Psychotherapy* 40: 360–368.

Blankert, T., and M. R. W. Hamstra. 2016. "Imagining Success: Multiple Achievement Goa ls and the Effectiveness of Imagery." *Basic Applied Social Psychology* 39: 50–67.

Blumenthal, J. A., M. A. Babyak, P. Murali Doraiswamy, L. Watkins, B. M. Hoffman, K. A. Barbour, et al. 2007. "Exercise and Pharmacotherapy in the Treatment of Major Depre ssive Disorder." *Psychosomatic Medicine* 69: 587–596.

Cacioppo, J. T., M. E. Hughes, L. J. Waite, L. C. Hawkley, and R. A. Thisted. 2006. "Lonelin ess as a Specific Risk Factor for Depressive Symptoms: Cross-Sectional and Longitudin al Analyses." *Psychology and Aging* 21: 140–151.

Canadian Network for Mood and Anxiety Treatments (CANMAT). 2016. "Clinical Guidelin es for the Management of Adults with Major Depressive Disorder: Section 2. Psycholog ical Treatments." *Canadian Journal of Psychiatry* 61: 524–539.

Chekroud, S. R., R. Gueoguieva, A. B. Zheutlin, M. Paulus, H. M. Krumholz, J. H. Krystal, and A. M. Chekroud. 2018. "Association Between Physical Exercise and Mental Health in 1.2 Million Individuals in the USA Between 2011 and 2015: A Cross-Sectional Stu dy." *Lancet Psychiatry* 5: 739–746.

Cuijpers, P., L. Wit, A. Kleiboer, E. Karyotaki, and D. Ebert. 2020. "Problem-Solving for Ad ult Depression: An Updated Meta-Analysis." *European Psychiatry* 48: 27–37.

Diener, E., and M. E. P. Seligman. 2002. "Very Happy People." *Psychological Science* 13: 81–84.

Ewert, C., A. Vater, and M. Schröder-Abé. 2021. "Self-Compassion and Coping: A Meta-Analysis." *Mindfulness* 12: 1063–1077.

Gilbert, P., ed. 2017. *Compassion: Concepts, Research, and Applications.* London: Routledge.

Hays, K. F. 2012. "The Psychology of Performance in Sport and Other Domains." In *The Oxford Handbook of Sport and Performance Psychology*, edited by S. M. Murphy. Oxford: Oxfo rd University Press.

Herrod, J. L., S. K. Snyder, J. B. Hart, S. J. Frantz, and K. M. Ayres. 2022. "Applications of the Premack Principle: A Review of the Literature." *Behavior Modification* 47: 219–246.

Hirshkowitz, M., K. Whiton, S. M. Albert, C. Alessi, O. Bruni, L. DonCarlos, et al. 2015. "Na tional Sleep Foundation's Sleep Time Duration Recommendations: Methodology and Results Summary." *Sleep Health* 1: 40–43.

Ingram, R. E. 1990. "Self-Focused Attention in Clinical Disorders: Review and a Conceptu al Model." *Psychological Bulletin* 107: 156–176.

Josefowitz, N., and D. Myran. 2021. *CBT Made Simple: A Clinician's Guide to Practicing Cognitive Behavioral Therapy,* 2nd ed. Oakland, CA: New Harbinger Publications.

Josefsson, T., M. Lindwall, and T. Archer. 2014. "Physical Exercise Intervention in Depress ive Disorders: A Meta-Analysis and Systematic Review." *Scandinavian Journal of Medicine and Science in Sports* 24: 259–272.

Kabat-Zinn, J. 1990. *Full Catastrophe Living: Using the Wisdom of Your Body and Mind to Face Stress, Pain and Illness*. New York: Delacorte Press.

Kanter, J. W., R. C. Manos, W. M. Bowe, D. E. Baruch, A. M. Busch, and L. C. Rusch. 2010. "What Is Behavioral Activation? A Review of the Empirical Literature." *Clinical Psychology Review* 30: 608–620.

Li, Y., M.-R. Lv, Y.-J. Wei, L. Sun, J.-X. Zhang, H.-G. Zhang, and B. Li. 2017. "Dietary Patt erns and Depression Risk: A Meta-Analysis." *Psychiatry Research* 253: 373–382.

Lin, T.-W., and Y.-M. Kuo. 2013. "Exercise Benefits Brain Function: The Monoamine Con nection." 3: 39–53.

Malhi, G. S., E. Bell, P. Boyce, M. Hopwood, G. Murray, R. Mulder, et al. "The 2020 Mood Disorders Clinical Practice Guidelines: Translating Evidence into Practice with Both St yle and Substance." *Australian and New Zealand Journal of Psychiatry* 55: 919–920.

Manber, R., and C. Carney. 2015. *Treatment Plans and Interventions for Insomnia: A Case Formulation Approach.* New York: Guilford Press.

Miranda, M., J. F. Morici, M. Belén Zanoni, and P. Bekinschtein. 2019. "Brain-Derived Neu rotrophic Factor: A Key Molecule for Memory in the Healthy and the Pathological Bra in." *Frontiers in Cellular Neuroscience* 13: 363.

National Institute for Health and Care Excellence (NICE). 2022. *Depression in Adults: Treatment and Management. NICE Guideline No. 222.* London: NICE.

Neff, K. D. 2023. "Self-Compassion: Theory, Method, Research, and Intervention." *Annual Review of Psychology* 74: 193–218.

Parikh, S. V., L. C. Quilty, P. Raitz, M. Rosenbluth, B. Pavlova, S. Grigoriadis, et al. 2016. "Canadian Network for Mood and Anxiety Treatments (CANMAT) 2016 Clinical Guideli nes for the Management of Adults with Major Depressive Disorder." *Canadian Journal of Psychiatry* 61: 524–539.

Pearce, M., L. Garcia, A. Abbas, T. Strain, F. B. Schuch, R. Golubic, et al. 2022. "Associati on Between Physical Activity and Risk of Depression: A Systematic Review and Meta-Analysis." *JAMA Psychiatry* 79: 550–559.

Premack, D. 1959. "Toward Empirical Behavior Laws: I. Positive Reinforcement." *Psychological Review* 66: 219–233.

Richards, D. A., D. Ekers, D. McMillan, R. S. Taylor, S. Byford, F. C. Warren, et al. 2016. "Cost and Outcome of Behavioural Activation Versus Cognitive Behavioural Therapy for Depression (COBRA): A Randomized, Controlled, Non-Inferiority Trial." *Lancet* 388: 871–80.

Segal, Z. V., and K. M. Walsh. 2016. "Mindfulness-Based Cognitive Therapy for Residual Depressive Symptoms and Relapse Prophylaxis." *Current Opinion in Psychiatry* 29: 7–12.

Teasdale, J., M. Williams, and Z. Segal. 2014. *The Mindful Way Workbook: An 8-Week Program to Free Yourself from Depression and Emotional Distress*. New York: Guilford Press.

Torre, J. B., and M. D. Lieberman. 2018. "Putting Feelings into Words: Affect Labeling as Implicit Emotion Regulation." *Emotion Review* 10: 116–124.

Vrugt, A., and C. Vet. 2009. "Effects of a Smile on Mood and Helping Behavior." *Social Behavior and Personality: An International Journal* 37: 1251–1258.

Waldinger, R., and M. Schulz. 2023. *The Good Life: Lessons from the World's Longest Scientific Study of Happiness*. New York: Simon and Schuster.

우울증을 위한 행동활성화 워크북

초판 1쇄 인쇄 2025년 10월 10일
초판 1쇄 발행 2025년 10월 17일

지은이 | 니나 요제포비츠, 스티븐 R. 스왈로우
옮긴이 | 구훈정, 최신형, 김희선
펴낸이 | 소정영

펴낸곳 | 도서출판 하나의학사
출판신고 | 1988년 4월 1일 제2022-000082호

주소 | 서울특별시 송파구 동남로 159, 302호(한흥빌딩)
전화 | 02-730-2555, 2556 **팩스** | 02-730-2557
이메일 | hanampc1@naver.com
홈페이지 | www.hanampc.co.kr

ISBN 979-11-91658-65-1 03180